女性に最適！
ゼロから始める夢資格

コーチング・ビジネスのすすめ

株式会社コーチビジネス研究所代表取締役
五十嵐 久

合同フォレスト

はじめに

コーチングは仕事、子育て、夫婦関係にも役立つ

「コーチングにちょっと興味があるけど、特殊な世界の話なのかな？」

「コーチの資格を取りたいけど、私にコーチができるかしら？」

もし、あなたがそんな疑問や不安を感じながらこの本を手に取られたのだとしたら、ご心配には及びません。

コーチングは決して特殊な世界の話ではなく、学生にも、主婦にも、ＯＬにも、フリーランスにも、起業家にも、経営者にも……できる仕事なのです。

コーチというと、スポーツチームのコーチのようにすぐれた選手としての実績を残し、〝人を指導する技能をもつ人〟と思われますが、コーチングの世界でいうコーチとは、基本的に相手（クライアント）と「対等」な存在として関わっていきます。

ちなみに、コーチ＝coachは、15世紀にハンガリーの町「Kocs（コチ）」でつくられ

た四輪馬車に由来する言葉といわれています。この町でつくられた四輪馬車が乗合馬車としてヨーロッパ中に広まったことから、「その人が望むところまで送り届ける」という意味が派生したとされています。

この言葉の起源通り、コーチの役目は相談相手（クライアント）が目指すところに向かって共に走りながら応援する存在であって、「ここに行け」と上から目線で指導する存在ではありません。

コーチも十人十色でいろいろなタイプがありますが、たとえば松岡修造さんのようにぐいぐい押してくる熱血漢や、人気予備校講師の林修さんのように何でも知っている博識な人ばかりがコーチを務めているわけではありません。

私のように子どもの頃から引っ込み思案で、自分に自信がもてなかった人間でも、プロ・コーチとして活動することができるのですから。

コーチになってみてしみじみよかったと思うのは、コーチングの仕事を通して、クライアントの気付きの瞬間やブレイクスルー（障壁を突破する・課題をクリアする）の感動を共有して、コーチ自身も共に成長できることです。コーチングの経験を重ねれば重ねるほど、自分が着実に成長しているのを実感できます。

「自分なんて、まだまだ」
「もっと成長しなきゃ」
そう思っている人にこそ、コーチングを学ぶことをおすすめします。

今、コーチングを学ぶ女性が急増している

ラグビー日本代表チームの五郎丸歩選手の有名な「プレパフォーマンス・ルーティン」のポーズを一緒に考えて、彼の活躍をサポートし、今日の大躍進に貢献したのは、子育て真っ最中の女性コーチです。

また、〝伝説の経営者〟と謳《うた》われた、世界的な大企業ゼネラル・エレクトリック社の元CEOジャック・ウェルチ氏を支えたのは、20代の女性コーチです。

驚くほどのポテンシャルを発揮するアスリートや経営者に女性コーチが付いているのは、決して偶然ではないと私は思っています。

私はプロ・コーチとして活動する傍らコーチング教室を運営し、淑徳大学「プロコーチ入門講座」の講師を務めています。コーチング教室の受講生は、毎年100名ほどで、そ

の中から多くの人がプロ・コーチとして巣立っていきますが、最近、受講生の半数以上が女性となり、その傾向が年々高くなっています。

女性の受講生が増えているのは、女性の社会進出に伴って、コーチの資格が女性の職業として人気が高まっているのはもちろん、コーチングは仕事だけでなく家庭などプライベートなシーンでのコミュニケーションにおいても役立つことが認知されてきているからでしょう。

男性の多くは「コーチングをビジネスに役立てたい」と考えるのに比べて、女性がコーチングを学ぶ理由はさまざまです。

「ひとりでも自立して食べていけるスキルを身に付けたい」

「資金や設備がなくても仕事ができるコーチの資格がほしい」

「コーチングを子育てや夫育てに活かしたい」

「子育てしながらフルタイムでなくても、収入を得たい」

「専業主婦だけで終わらず、人や社会の役に立って喜ばれる仕事をしてみたい」

子育て中の主婦、サロネーゼ（自宅でサロン〔教室〕を開催する）を目指している女性、自立の道を模索している女性——そんなさまざまな女性たちがコーチングを学んでいます

(第2章では、実際にコーチとして活躍している12人の女性たちの声を紹介していますので、ぜひ参考にしてください)。

その中には、コーチングを学んだことが、離婚、貧困、介護、子どもの不登校など、数々の苦難を自分自身の宝物にするきっかけになったというすばらしい女性コーチもいます。あるいは、手に職もなく、幼子を抱えて離婚したどん底のシングルマザーが、藁《わら》をもつかむ気持ちでコーチングを学び、今では新しいパートナーのいるハワイと日本を自由に行き来しながら、コーチの仕事を行うという理想的なライフスタイルを実現した女性もいます。

近年、日本政府が女性の社会進出に対して力を入れています。組織では一定数の女性の採用が義務付けられており、女性管理職も増えています。それに伴い、働く女性をサポートする女性コーチの需要も必然的に高まっています。

コーチの資格があれば、就職や転職や起業の際に有利なのはもちろん、性別や年齢を問わずフリーランスのプロ・コーチとして独立して生きていくことができます。

また、コーチングを心得ていれば、どこへ行っても、誰とでもコミュニケーションをとることができます。その自信は、あなたに大きな勇気を与えてくれるでしょう。

コーチングはあなたの人生を、あなたの望む花々で美しく満たしてくれるはずです。

もくじ

第2章　コーチングで夢をかたちに！——女性コーチの実例12

第3章　ありのままの自分を認める

第4章　「フォー・ミー」ではなく「フォー・ユー」

第5章　コーチは鏡のような存在になる

第6章　コーチングは単なるスキルではない

第1章

だから女性はコーチに向いている

❶ コーチ、カウンセラー、コンサルタントの違いとは

「コーチングって、カウンセリングとどう違うんですか？」

「コーチングって、コンサルティングと同じことでは？」

「カウンセラーがコーチの役割を担うことはできないんですか？」

「コンサルタントがコーチの役割を担うことはできないんですか？」

よくそんな質問を受けます。まず、コーチングとコンサルティングの違いを、具体的な相談例を挙げてご説明しましょう。

「会社を辞めて独立しようかと思っているんだけど……」

身近な人にそんな相談をしたとき、「独立？　そんなバカなことをしてどうするの？うまくいくわけがないでしょ。会社にいれば給料をちゃんともらえるのに、何もそんなリスク負う必要ないじゃない」などと返された経験はありませんか？

身近な人に独立や起業の相談をすると、ほとんどの場合はこんな形で反対されることが多いと思います。

経営コンサルタントがこんな相談を受けた場合、相談者に対して、「誰に、何を、どのようにビジネス展開したいのか」といったことを確認したうえで、「それは、競合が多いからやめたほうがいいでしょう。こっちのやり方でやっていきましょう」という形で、具体的にアドバイスしていきます。

では、コーチングの場合はどうでしょう？

「どうして独立・起業したいと思ったんですか？」

「起業することで何を成し遂げたいんですか？」

「起業という夢に近づくために、どんなステップを踏んだらいいと思います？」

このように、コーチはいろいろな角度から質問をしていくことで、あくまでも相談者のなりたい姿に焦点を当てて対話を進めていきます。

コーチは基本的にコンサルタントのようなアドバイスはしません。

「答えはクライアント自身がもっている」――それがコーチングの根底にある考え方です。コーチングによって、クライアント（お客様）の中にある思いや考えが自ずと引き出され、クライアント自らが気付いて行動するようになることを目指します。

これに対し、コンサルティングは、コンサルタントがもっている知識、情報、ノウハウなどをクライアントに提供することに軸足が置かれます。

次に、コーチングとカウセリングの違いですが、どちらもスキルとしては非常に近いものがあります。

一番大きな違いは、クライアント、つまり対象となる相手の状況が異なることです。

カウンセリングは、どちらかというと精神的に悩んでいる人、心の病に陥っている人が対象であるのに対して、コーチングは何か自分の目標達成に向かってがんばっている人が対象になります。

そのため、カウンセリングは、クライアントの話を傾聴しながら、クライアントの過去の問題に焦点を当てて、クライアントの気持ちを整理することを重視したアプローチをとります。

カウンセリングにもいろいろな手法がありますので、ひとくくりにはできませんが、両者の違いを簡単にいえば、通常の平静な心の状態が「ゼロ」の位置にあるとすると、カウンセリングはマイナスに陥ってしまった人を「マイナスからゼロの状態に戻すこと」を目指します。

一方、コーチングの目的は、クライアントの「こうありたい」姿になることを目標に、「ゼロからプラスの方向に向かって支援をすること」にあります。そして、クライアントの潜在能力やアイデア、強みを引き出し、クライアントが望む人生やキャリアにおける未来の目標を達成するためのサポートをします。

私は、自分のキャリア領域を広げたいと思い、30歳のときに中小企業診断士の資格を取り、その後、産業カウンセラーの資格やキャリアコンサルタントの資格、認定プロフェッショナルコーチの資格を取得しました。

カウンセリングも、コンサルティングも、コーチングも実践して、それぞれのメリットもむずかしさも体験していますが、コーチングには、カウンセリングやコンサルティングの領域をもカバーできるだけの深さがあるのではないかと実感しています。

とはいえ、コーチングは万能ではありません。カウンセリング的なアプローチが必要なときもあれば、コンサルティングが必要なときもあります。それぞれの場面に応じて使い分けていくことが必要です。

❷ なぜ、コーチングはやりがいや喜びが大きいのか

私が最初に目指したのは、経営コンサルタントの国家資格である中小企業診断士の資格でした。実は、当時勤めていた職場で、私のちょっとした不注意から社内で誤解を受けることがあり、「もしかすると、会社を辞めなければならないかもしれない……」という強い不安を抱いたことがありました。このことが中小企業診断士の資格を取ろうと思ったきっかけでした。

まじめに仕事をしていても、ちょっとした仕事のミスで職を失うリスクがあると感じた私は「もう会社に依存する生き方はやめよう。会社の中だけでなく、社会に出ても通用する力をつけなければ」と考えたのです。

2015年の日本経済新聞社の調査によると、中小企業診断士の資格はビジネスパーソンを対象とした「新たに取得したい資格」としてトップになりました。

私の場合、中小企業診断士の資格を取ったのは、当時勤めていた会社が中小企業支援機関だったので、仕事にも直接役に立つと考えたからでした。

資格取得後は、中小企業診断士として、資金調達のお手伝いやこれから起業したいと考えている人、事業がうまくいかなくなって経営の改善をしたいといった企業のご相談にお応えするような仕事に携わってきました。

しかし、実際に多くの悩める中小企業の経営コンサルティングをしても、企業の経営者をはじめそこで働く人たちがアドバイスした通りに改善してくれなければ、経営はうまくいきません。

どんなに有効なノウハウを提案しても、それを実践してもらえなければ、絵に描いた餅に終わってしまいます。

また、コンサルティングでは、コンサルタントがもっている力以上のものは生まれません。今日のような変化の激しい時代、答えのない時代には、コンサルティングの機能だけでは限界があることも感じていました。

私はその頃、会社の人事部に在籍し、研修や採用の仕事をしていたこともあり、社員の心の病に向き合う機会が何度かありました。そして景気の悪化から資金繰りに苦しんで命を絶つ経営者の方も目の当たりにしてきました。

そんな心の病に苦しむ人たちの力になりたいと考え、カウンセリングというものに興味をもったのです。

そこでカウンセラーの勉強をして資格を取得し、電話カウンセリングのボランティアを始めました。ただ、現実は私の想像よりもはるかにヘビーでした。

「もう死んでしまいたい……」

そんな深刻な悩みを電話口で吐露されることも一度ならずありました。

ネガティブな感情や思考にとらわれてマイナス状態にいる人の言葉を真剣に受け止める

ことで、こちらの精神もマイナスの暗闇に入り込まざるを得ません。

そのとき私は、カウンセラーはとても大切な仕事だけれど、大学院などで深く学んでからでないと、生半可に相談を受けるのは危険だと感じました。

同じ頃、人事部で人材育成に関わる現場に携わることも多く、カウンセリングの勉強をする中で初めて知ったコーチングについても学んでみようと思いました。それがコーチングの世界に入ったきっかけです。

コーチングを受けるクライアントは、わかりやすく言うと、「生きているのが辛い」というマイナス思考ではなく、「どうやったらよりよく生きていけるだろうか」というプラス思考なので、コーチ自身もプラスのエネルギーを感じることができます。

コーチは、クライアントと共にゴールに向かって前進します。

仮に途中でうまくいかないことがあっても、「なぜうまくいかないか」を掘り下げる学びになるので、すべてはプラスになります。

コーチはコーチングを重ねるたびにクライアントと共に成長していけるので、コーチ自身の成長を実感できます。

クライアントの人生に深く入り込んで、クライアントに寄り添い、クライアントと共に成長できるコーチという仕事に、私は大きなやりがいと喜びを感じました。

また、コーチングを学んだおかげで、従来の問題解決型のコンサルティングから経営者の思いを引き出す新しいコンサルティングのスタイルができつつあり、成果も見えやすくなっていることを実感しています。

❸コーチングはあらゆるコミュニケーションの基本

コンサルティング、カウンセリング、コーチングのすべてに携わってみて、改めて思うのは、ビジネスにおいてもプライベートにおいても、「コーチングはすべてに通用する基本である」ということです。

コーチングは、特殊に開発された技術ではなく、もともと人間関係の中で行われていた、対話によって相手のやる気を引き出すコミュニケーションの手法を整理し、まとめ上げたものです。

アメリカで１９５０年代頃から発展し、日本には１９９７年頃にコーチングが入ってきましたが、当時はまだ一般にはなじみの薄いものでした。２０００年代に入ってから、リーダーや管理職を主とした人材育成にコーチングが活かされるようになり、今では企業はもちろん、教育や医療、福祉の分野にも広く普及してきました。

実際、コーチングは職場から家庭まで、さまざまなコミュニケーションの場で役立っているという声を数多く聞きます。

「経営者がコーチングを受けたことで、今まですぐに辞めていたスタッフが定着するようになった」

「マネージャーがコーチングを学んだことで、部下が生き生きと働くようになった」

「学校の先生がコーチングの研修を受けて、生徒たちへの対応の仕方が変わったことで、やる気のなかった生徒たちが自発的に学ぶようになった」

「営業スタッフにコーチング研修をしたら、お客様に商品が売れるようになった」

「クレーム対応のスタッフにコーチング研修をしたら、クレーム解決が早くなった」

「コーチングを学んだことで、夫婦ゲンカをすることがなくなった」

「コーチングの手法を活かした対話を心がけることで、反抗的だった子どもが心を開いてくれるようになった」

コーチングを学ぶことによって、自分自身で行うセルフコーチングも自然に身に付くので、自分自身の人間的な成長にもつながります。

「なぜ自分はこんなに腹が立っているんだろうか」
「この仕事がうまくいかないのは、何が原因なんだろうか」
「自分がその目標に向かうのは何のためだろうか」
「今は子育てで余裕がないけど、自分が子どもの頃は何を考えていたっけ」
「今の自分は輝いているだろうか」
「自分が一番輝いているのは、何をしているときだろうか」

そんなふうに自分自身を振り返ることで、思いがけない気付きや、問題を解決する突破口を見つけることができ、自分の望む方向に前進するエネルギーが生まれます。
つまり、コーチングを学ぶことで、他人とのコミュニケーションもスムーズになるだけでなく、自分自身の気持ちの整理もうまくなるので、とても生きやすくなり、より有意義な人生を送ることができるのです。

❹ 女性がコーチに向いている7つの理由

私は、大学の講座やコーチングスクール、企業の研修などで、コーチングの講義を行っていますが、「女性はコーチに向いているのではないか」と思うときがしばしばあります。

その理由を7つほど挙げることができます。

① コーチングは女性のこまやかな感性を活かしやすい
② 女性は観察眼が鋭い
③ 女性は他者への共感力が高い
④ 女性は男性社会のしがらみにとらわれない発想ができる
⑤ 女性は会話が続きやすい
⑥ 女性は自分の見せ方に長けている
⑦ 女性のクライアントは女性コーチに安心する

もちろん、女性にもいろいろな人がいますから、単純にすべての女性はこうだと決めつけるつもりはありません。

ただ、たとえば新米の男性コーチは、とかくクライアントを問題解決に導こうと急ぐ傾向が強くあります。

従来の男性社会において、男性は組織の中で常に結果を求められているため、男性の思考は、最短効率で一直線に進むものになりがちです。

ところが、女性の場合は、話が多少それても気にせず、あちこちに寄り道をしながら問題解決に向かいます。

女性はよく何時間もカフェでおしゃべりに興じたり、長電話を楽しんだりする傾向があるようですが、それは、会話の寄り道をしながら相手の話に共感したり、相手の心に寄り添うことに長けているからではないでしょうか。

もしかすると、これは太古からの男女の生活の違いに起因しているのかもしれません。

今では女性の社会進出が年々進み、男性も政府主導で「イクメン」を奨励されているので、ジェンダー的に男女の役割が様変わりしていますが、大昔は腕力のある男性が狩りに行ったり、力仕事をしたりしている間、女性は家族を守って家の仕事を切り盛りしていました。男性は狩りで結果を出さなければなりません。そうしなければ家族が飢えてしまうからです。

一方、家を守っている女性は、共同体の中でうまくコミュニケーションをとりながら、情報を共有して生き延びてきたといえます。そうしたコミュニケーションのＤＮＡが女性にはあるのかもしれません。

また、男性は同性の言うことは素直に受け入れにくいけれど、女性の言うことは聞く傾向があります。

特に経営者など人の上に立っているリーダータイプの人は、男性のコーチに言われるより、女性コーチにやんわり言われるほうが素直に聞ける場合があります。

コーチングというと、経営者や管理職など指導的立場にあるビジネスパーソンが、部下を育成するために行うことが多いと思っている方もいるようですが、たとえば女性の秘書やアシスタントがコーチングを心得ていることで、上司も気付きが多くなって、目標達成しやすくなるかもしれません。

女性は人に対する観察力にも長けていることが多いので、相手の髪型や洋服、持ちものなどの変化にも敏感です。

「今日は明るい色合いのネクタイがとても春らしいですね」

「名刺入れを新調されました？　おしゃれですね」

「髪型少し変えました？　似合っていますね」

そんなふうに、さりげなく相手をほめたり、話題をつくるのが上手なのも女性に多い特徴といえます。

また、男性でも自分の見せ方に気遣っている人はいますが、やはり女性のほうが化粧やファッションも含め、自分の見せ方に対する意識が高いのではないかと思います。

ブログなどで、自分のことを非常にうまく発信している女性が少なくありません。プロ・コーチになると、営業活動の一環としてブログやホームページなどで自分のことを発信しますが、女性コーチの方々は発信力が高いなあといつも感心しています。

❺ ラグビー日本代表チームを支えた女性コーチ

ラグビーの五郎丸歩選手の有名な「プレパフォーマンス・ルーティン」を二人三脚でつくり上げたのは、２０１５年までチームのメンタルコーチを務めた荒木香織さんという女性コーチです。過去7回のラグビーワールドカップにおいて、負け続けていたラグビー日本代表チームが、強豪の南アフリカやサモア、アメリカチームを撃破して世界を驚かせましたが、その偉業達成には、日本代表メンバーをメンタル面でサポートし続けてきた荒木コーチの働きが大きかったといわれています。

荒木コーチは兵庫県・園田学園女子大学教授でもあり、専門はスポーツ・健康心理学です。2008年にはシンガポールのセイリングチームのメンタルコーチを務めており、北京オリンピックにも参加しています。

2012年に日本代表のラグビーチームのヘッドコーチであるエディー・ジョーンズ氏にヘッドハンティングされて以来、荒木コーチはチームのメンバー一人ひとりの話を聞き、選手の心に寄り添ってきました。

2015年のワールドカップイングランド大会の折には、0歳の長男を伴って、紅一点、いかつい選手たちに帯同しました。

五郎丸選手がプレースキック前に、手を拝むように合わせて蹴るおなじみのプレパフォーマンス・ルーティンのポーズは、どんな状況からでも意識を集中できるように、「ルーティン＝決めごと」を荒木コーチが五郎丸選手と一緒に考えたといいます。

男子ラグビーというと、いかつい選手が肉弾戦を繰り広げる非常に激しいイメージがあるので、女性のメンタルコーチが付いていたことに驚かれた人も多いのではないかと思います。

しかし、そうした激しいスポーツだからこそ、選手たちは女性のメンタルコーチに精神的にサポートしてもらうことで、メンタルのバランスをとることができて、よりよいパフォーマンスを発揮できたのではないかと思います。

❻ 女性がコーチング・ビジネスに参入しやすい7つの理由

元手が要らず、ローリスクで、時間や場所に縛られないコーチング・ビジネスは、女性が安心して始めることができる事業です。

それは、次の7つの理由からおわかりいただけると思います。

① 手元資金ゼロでも起業ＯＫ

どんなビジネスを始める場合でも、最大の課題となるのが資金です。コーチという仕事は、自分の体ひとつで始めることができ、事務所も不要なので、初期投資がほとんどかかりません。必要なものは、パソコンと電話ぐらいです。

② コーチング・ビジネスはリスクが非常に低い

起業の最大のリスクは倒産です。しかし、コーチの仕事は初期投資が少なく、ビジネスを継続していくうえで必要となるランニングコストもほとんどかかりません。

会社を辞めたくない場合や、フリーランスで別の仕事をもっていても、現在の仕事を続けながら週末などを利用してプロ・コーチとして活動することも可能です。

③ コーチング・ビジネスは利益率が高い

コーチング・ビジネスは、利益率が１００パーセントです。コスト・パフォーマンスがよく、経費もほとんどかからないので、女性も自立して仕事が続けられます。

④ 場所や時間を選ばず仕事ができる

コーチング・ビジネスは場所や時間に縛られることがありません。スカイプや電話を活用すれば、世界中どこでも仕事ができますし、子育てや介護のために自宅から離れられない女性でも、自宅にいながら仕事ができます。

⑤ 時代の変化に左右されない普遍的価値

一般に、多くの商品や情報コンテンツは、時間の経過とともに商品価値が下がる傾向がありますが、コーチングは経験を積んでスキルを磨けば磨くほど価値が高くなります。人間の基本的なコミュニケーションに関わるスキルなので、時代が変わり、年齢を重ねても、普遍的な価値があります。

⑥ 業種・業界の枠を超えて通用する

コーチングは、コンサルティングのように提案やアドバイスをするというより、相手の中にある答えを引き出すところにポイントがあるので、必ずしもクライアントの業種や業界のことを知らなくても、コーチングスキルがあれば対応できます。

⑦市場が拡大している成長ビジネス

コーチング・ビジネス市場は、これから本格的に拡大期に入ると予測されています。

ビジネスの鉄則は成長分野への参入なので、今、コーチング・ビジネスへの足場固めをしておくと、大きなチャンスを手にできる可能性があります。

7 コーチはコスト・パフォーマンスが高い

女性の社会進出も進み、今や22歳以上55歳未満の女性の7割以上は働いている時代で、その割合はさらに増える傾向にあります。

総務省の2016年度労働力調査によると、2015年の男性の労働力人口は7万人減って3756万人になったのに対し、女性の労働力人口は前年比18万人アップの2842万人になりました。

働く女性の9割近くは雇用者ですが、女性が会社に頼らず、もっと自由な働き方ができる職種として、コーチの仕事はまさにぴったりだと私は思います。

私の知人のある女性は、英語検定や漢字検定から宅地建物取引士、野菜ソムリエなど十数もの資格をもっていますが、貴重な時間とお金をかけて資格を取っても、「実際はあまり役に立たない」とこぼしていました。

もしあなたが仕事につながる資格を取ろうと思うなら、コーチの資格を取ることをおすすめします。

スカイプでもクライアントとセッションできるので、コーチングの技能を会得していれば、国内外のどこにいても仕事ができます。

海外に住みたい人や、ノマド的な働き方（オフィスや自宅などといった場所にとらわれず、ネットカフェや喫茶店、移動中の電車内などで自由に仕事をすること）をしたい人でも、自由に仕事ができます。

また、子育て真っ最中でフルタイム勤務がむずかしい女性でも、コーチの仕事なら、自分の裁量で働く時間を決められますし、短時間で効率よく働くこともできます。

たとえば、コーチングの料金はコーチによって異なりますが、平均すると1人につき1カ月に1回60分の電話または面談で2回＝3万円（税抜き）くらいが相場とされています。

セッション前の事前準備や、事後の整理の時間などを含めても、クライアント1人にか

かる時間は3時間程度になり、コスト・パフォーマンスは悪くないはずです。

通常、クライアントとは3カ月、半年、1年と一定期間は契約するので、仮に10人とコーチングの契約をしていれば、1カ月に10人×6時間＝約60時間の労働で、30万円以上の収入を確保することができるということです。

厚生労働省の調査では、2015年、5人以上の事業所における常用労働者の1人平均月間総実労働時間は144.5時間です。

また、5人以上の常用労働者を雇用する民間事業所における一般労働者の正社員・正職員に支給される現金給与額は平均

31万3801円ですが、パートタイム労働者は、現金給与額が9万7818円です。

単純には比較できないかもしれませんが、コーチのほうが一般の会社員よりもコスト・パフォーマンスが高いことがおわかりになると思います。

❽ コーチの資格があれば離婚しても年齢にかかわらず自立できる

近年、働き盛りである40代の団塊ジュニア世代は非正規雇用が増え、男性の年収も平均400万円台で、特にボリュームゾーン（最も数の多い年齢層）は300万円台で余裕がありません。

そのため共働きが多く、専業主婦でも切り詰めている女性が少なくないようです。子どもがいると教育費がかかるので、共働きの主婦は月に3〜4万円程度、専業主婦は1万円ほどしか自分のために使えるお金がないといわれています。

また時間についても、子育てをしている主婦はシングルやDINKSと比べると、自分のために使える時間が減ってしまいます。

もしコーチの資格があれば、子育て中の主婦や共働きの女性でも、自分のために使える時間やお金をもっと確保できるでしょう。

また、今や3組に1組は離婚している時代です。

ここ10年で、同居期間25年以上の熟年夫婦の離婚は2倍以上に、同居期間30年以上の熟年夫婦では3倍近くにも増えています。

離婚を考える際、まず気になるのが経済的な問題です。どんなに離婚したくても、経済的に自立できなくては、離婚に踏み切る勇気ももてません。

離婚が増えている背景には、昔よりも女性の社会進出が進んだことも影響しているでしょう。

しかし、年齢が上がってからの就職は、やはり条件が非常に厳しくなります。

特に長い間、会社勤めなどをしていなかった専業主婦が急に自立するとなると、気持ちのうえでもハードルが高くなります。

シングルマザーの場合も、子どもの送り迎えなどで働く時間が限られてしまうので、就職条件が限られてしまいます。

家賃や生活費、あるいは育児費をすべて女性が自分ひとりで稼ぐには、非正規雇用のパートやアルバイトだけでは限度があるので、仕事をいくつも掛けもちしたりして、体調を崩してしまう女性もいるといいます。

でも、コーチの資格をもっていれば、離婚した女性でも自立して、子育てしながら生きていくことができます。

私の知っている女性コーチの中にも離婚を経験した方が少なからずいますが、どの女性コーチも生き生きと活躍されています。プロ・コーチは離婚しても経済的に自立できる証しといえるでしょう。

また、コーチには定年もないので、熟年離婚をしたシニア女性でも経済的に自立しやすいです。実際に60代でも現役で活躍している女性コーチがたくさんいらっしゃいます。

第2章の女性コーチの実例でもご紹介していますので、参考になさってください。

9 キャリアコンサルタントがコーチングを学ぶとより大きな強みに

女性の社会進出と同様に、政府がキャリア・コンサルティングの普及にも力を入れているため、「キャリアコンサルタント」の資格に注目が集まっています。

キャリア・コンサルティングとは、「在職者や求職者が、職業選択や職業能力開発を効果的に行えるよう相談に応じることにより、雇用の安定や再就職の支援を行うこと」です。それを担うキャリアコンサルタントは、労働者の基本的な人権を尊重し、労働者が能力を開発し発揮していけるように援助する任務を負っています。

２０１４年７月に厚生労働省がまとめた「キャリアコンサルタント養成計画」では、２０１９年までに７万９０００人、２０２４年までに10万人のキャリアコンサルタントを養成することを目標として掲げています。

また２０１５年６月末に閣議決定された、アベノミクス成長戦略・第三の矢として位置づけられる「『日本再興戦略』改訂２０１５」では、企業における従業員のキャリアアップの取り組み支援の強化が打ち出されました。同年９月末に施行された改正労働者派遣法でも、派遣労働者のキャリアアップ支援が初めて義務付けられました。

現在のキャリアコンサルタントの資格には、指導者レベルの「１級キャリア・コンサルティング技能士」と、熟練レベルの「２級キャリア・コンサルティング技能士」があり、いずれも国家検定です。

また、以前は厚生労働省が示すカリキュラムに準拠した講習を受講し、厚生労働省が指定した試験に合格すると、「標準レベルキャリアコンサルタント」の民間資格を取得できました。この「標準レベルキャリアコンサルタント」と能力の範囲・水準が同レベルの資格が、２０１６年４月からは国家資格の「キャリアコンサルタント」となっています。

つまり、この国家資格を取得した人だけが「キャリアコンサルタント」を名乗ることができるのです。

私もキャリアコンサルタントの資格をもっていますが、カウンセリング、コーチング、そしてキャリア・コンサルティング、経営コンサルティングのすべてに関わってきた私から見ると、正直なところ、コーチがその役割を担うのが最も適切ではないかと感じます。

今はまだ世の中一般のコーチングに対する認知不足から、そのあたりの理解が進んでいないようですが、今後はコーチの必要性が必然的に高まってくると感じています。

キャリア・コンサルティングとコーチングの違いは、キャリア・コンサルティングはその名の通り、軸足はコンサルタントがもっている知識や情報、ノウハウを提供することにあります。

加えて、クライアントが「なりたい自分」になるための学習方法や、キャリア形成に役立つ情報の提供などを行います。

一方、コーチングは基本的にコーチからアドバイスはしません。相手に考えさせ、自ら気付いて行動してもらうよう導きます。

キャリアコンサルタントは、キャリア支援についての深い専門知識と情報をもっているところが強みですが、キャリアコンサルタントもコーチも、「一人ひとりの自律・自立を支援していく」というねらいは同じです。

ですから、キャリアコンサルタントの資格をもっている女性は、コーチングを学ぶと、より大きな強みになるのではないかと思います。

2015年末には労働安全衛生法の改正によって、従業員が50名以上の会社には「ストレスチェック」の実施が義務付けられるようになりました。コーチングを学ぶ人が増えることでコミュニケーションが改善され、ストレス対策にもつながります。

優秀なスポーツ選手にコーチが付くように、優秀なビジネスパーソンにもコーチが付く時代、コーチの需要はますます高まるものと思います。

10 あらゆる士業にコーチングが必須になる時代が到来

本書でいうコーチング・ビジネスとは、プロ・コーチとして、コーチ専業で活躍している人だけでなく、コーチングをビジネスに活用するあらゆる場面を想定した言葉の総称を意味しています。

たとえば、税理士や中小企業診断士などの士業の方が、自身の仕事の幅を広げることを目的として、コーチングスキルを勉強したいといった方がみられます。

税理士も、同業者間の競争が厳しくなってきており、いわゆる税理士業務だけでは他の税理士との差別化がむずかしくなっています。

今や、税理士業務だけでなく、コンサルティングやコーチングスキルを身に付けて差別化し、顧客への付加価値を提供することが必須の状況になっているのです。

また、先述の通り、コンサルタントはクライアントの課題を発見し、改善案を考え、それを実行していただくことが本来の業務ですが、どんなに優れた提案をしても、それを経営者の方が受け入れて実行しなければ、画餅《がべい》に帰してしまいます。

中小企業診断士などの経営コンサルタントも、環境の変化に伴い、コンサルタントがもっている知識や情報をクライアントに提供するという従来型のスタイルだけでは限界が来ていると私は思います。

クライアント自身が自ら気付き、納得しないかぎり、実際の行動には決して結びつきません。

クライアントが自ら納得して動くようにするには、コンサルティング的な関わりとは異なるアプローチが必要です。

コーチングはクライアントとの間に信頼関係を築き、クライアントが本来もっている能力やアイデアを引き出し、行動変容を起こすための高度なコミュニケーションスキルですから、これからの時代は、あらゆる士業の方にとって、まさにコーチングは必須のスキルといえるでしょう。

第2章

コーチングで夢をかたちに！
――女性コーチの実例12

Episode.1

3人の子育てをしながら週末はコーチングクラス、平日は在宅でコーチング

GCS認定講師／GCS認定プロフェッショナルコーチ・小賦《おぶ》 和美 さん

私は大学卒業後に10年以上アパレル企業で販売・営業をし、仕事を任されて信頼されることの大切さを学びました。しかし、2度の出産を経て会社に復帰すると、業績不振でリストラされてしまい、再就職に向けWEBの勉強をする中、3人目の子どもを妊娠。在宅でできる仕事を探しているときにコーチングに興味をもちました。

コーチングを学ぶうちに、自分を人と比較しなくなり、自分自身を見つけることができ、コミュニケーションが楽になっていきました。

小学4年生と2年生と、4歳の保育園児の男児3人の子育て中ですが、コーチング

が子育てにも役立っています。子どもから相談があるときは、話をしっかりと聞いてあげられますし、子どもがスーパーのお菓子売り場でお菓子を買ってくれと駄々をこねたときは、以前なら泣いても無理やり連れ帰っていましたが、今では子どもをちゃんと落ち着かせて帰ることができるようになりました。

また、夫婦関係においても、夫に否定の言葉で返答することが減りました。争いごとが嫌いなせいもありますが、最近では夫婦ゲンカになることはまずありません。

知人の女性コーチの中には、以前はコミュニケーションが苦手だったけれど、コーチになって楽にコミュニケーションがとれるようになったという人もいます。

仕事でも家庭でも役立つコーチングの魅力を多くの方に伝えたくて、子育てコーチング講座やパーソナルコーチとして活動を始めました。私自身が子育てをしながら働いていることもあり、働いている女性や、家庭も仕事もがんばりたい方を応援したいなと思っています。

クライアントは現在4名で、3名は女性です。週末起業大学などで知り合った方が、モニターでコーチングを受けた後に有料で継続されたり、コーチングスクールや「コーチングサーチ」というポータルサイトを経由して依頼を受けたりしています。今後はブログなどの発信を増やして、セッションの依頼がくるようにしたいと思っています。

コーチングのテーマは、仕事と家庭のバランスをとるためや、週末起業などです。

コーチングを行っていると、最初はネガティブな発言が多かったクライアントが段々と前向きになり、積極的に行動を起こすようになるのでワクワク感を覚えます。

コーチングクラスの受講生は80パーセントが女性で、「子育てのため」「仕事に役立ちそう」「自分を変えたい」といった動機で受講されている方が多くいます。

女性は、もともともっているものを捨ててでもどんどん吸収していく感じがありますが、男性はもともともっているものの中に詰め込んでいく感じがします。

失恋したとき、女性のほうが男性より引きずらないといわれますが、女性のほうが後ろを振り返らず、前向きに吸収する傾向があるのかもしれませんね。コーチングを学んだことで、すごく前向きになったという人が多いです。

コーチの仕事は、勤務時間を決められているわけではないし、女性は話好きなので、クライアントの話を傾聴するのにも向いているのではないかと思います。

コーチングクラスは土日が中心なので、夫に子どもの面倒や家事の協力をしてもらっています。平日は、コーチングスクールの仕事を在宅で行っており、クライアントとのセッションはスカイプが中心です。保育園に通っている下の子が小学校に上がったら、もっと外に出て企業研修もしようと思っています。２０１５年からコーチ仲間と一緒に「子育てコーチング」の講座も開いています。コーチングの基本スキル

を子育て向けにして、月1回ペースで6回に分け、1回につき2~3時間で教えています。

コーチングには型がありますが、なかなかその通りにはいかないので、自分も日々学んでいく必要があります。今は国際コーチ連盟の資格を目指しており、２０１６年に認定を取りたいと思っています。

コーチはサポートする立場ですが、何よりもコーチ自身が楽しんでほしいと思いますね。コーチングを学ぶことは苦ではなく、とても楽しいことなのですから。

Episode.2

カリスマ女性コーチに出会って人生が変わった！

メンタルコーチ・高坂 福美 さん

私がコーチングの世界に興味をもったのは、友人が別人のように変わったことがきっかけでした。

「自分が嫌い」「自分に自信がない」というのがその友人の口癖でしたが、久々に会うと、「自分が好き！」「何でもできる！」というポジティブな人にすっかり生まれ変わっていたのです。

「いったいどうしたの？」と尋ねると、友人はコーチングスクールで学び、コーチングを受けるようになってから自分のことを肯定的にとらえられるようになったというのです。それがきっかけで、私もコーチングスクールに通うことにしました。

当時、私は看護師の職に就いていましたが、自分が看護師として適性があるのかと自問自答を繰り返す日々でした。同じ頃、私はカウンセリングの勉強もしていたのですが、カウンセリングでは結構きついことや、人を泣かせるような否定的なことを言う場合もあり、自分にとって安心・安全な場ではないというふうに感じていました。

そんな中、初めてコーチングの世界に触れたとき、相手を否定しないコーチングの世界に驚きました。

しかし、周りと一緒にコーチングを学ぶだけでは、自己肯定感の低い自分をなかなか変えられなかったので、パーソナルコーチを付けてセッションを受けてみました。

それによって、「自分の中にこんな力があったなんて⁉」と驚くような気付きがたくさんあり、「コーチングって何てすばらしいんだろう！」と、さらに実感しました。

ただ、そのときはまだ看護師の仕事をしていたので、組織で働くことが合わないと思いながらもプロ・コーチとして独立しようとまでは考えていませんでした。

すると、そのときセッションを受けていたコーチから、「組織が嫌なら、自分がボスになるしかないわね」と言われたのです。

それまでは、医療の世界しか知らない私が組織を出て独立するなんて夢にも思わなかったし、独立する人は特別な人だと思っていたので、その言葉にはっとしました。

認定コーチの資格取得後、2年間迷いに迷いましたが、「短い人生、組織に執着せず、すばらしいと感じるコーチの仕事をやってみよう！」と、プロ・コーチとして独立することを決意したのです。

認定コーチ資格を取得した直後は、コーチの卵の人たちとたくさんセッションしました。すると、プロ・コーチとは雲泥の差があることを痛感しました。

「それをやったら失敗しますよ」といった否定的な言葉や、「そんなやり方じゃうまくいかないですよ」といった辛らつな意見を言われて、自己肯定感がかえって下がってしまったのです。

そんな自分を変えるきっかけになったのは、今や毎回1000人は集客できる、ベストセラー作家でもあるカリスマコーチと出会ったことです。

そのコーチは、私が思ってもいなかった長所をたくさん引き出してくれました。ひと言ひと言が胸に刺さるようなフィードバックが多く、彼女に毎週セッションを受けたことで、自分の考え方をガラリと変えることができ、コーチとしての財産になっています。

プロ・コーチとして独立してからは、パーソナルコーチのみで活動していましたが、クライアントからリクエストが来るようになり、セミナーも開催しています。

クライアントは東京の方が一番多いのですが、北海道から沖縄まで全国にいらっしゃいますし、スカイプのおかげで海外からも申し込みをいただいています。

クライアントの集客はＳＮＳがメインです。もともと文章を書くのは得意ではなかったのですが、コーチから苦しくても辛くても書くしかないと言われ、プロ・コーチになると決意した日から毎日休まず配信しています。

ブログは「朝活美人コーチング」と銘打っており、朝をメインにして、早朝５時半から１回30分（月４回）のセッションを行っています。出勤前にセッションを受けられる方が多く、早朝の時間帯が一番人気です。朝がんばっている人は、勤勉で真面目な方が多いという印象を受けます。

クライアントの99パーセントは女性で、男性は紹介か面識のある人のみです。起業を目指している方、経営者、ＯＬさんなど、バラエティに富んでいます。

ＯＬさんは、自己肯定感を高めたい方が多いです。欠点を指摘される否定の教育によって、社会から我慢を強いられているからかもしれません。

最近は、セッションを受けていい方向に変わった経験から、「自分もコーチになりたい」というクライアントも増えています。

私がコーチングするうえで大事にしていることは、「その人のありたい姿を大事にする」ということです。プロ・コーチになるためには、コーチングスキルだけでなく、ビジネス感覚を身に付けることも必要だと思います。

コーチの仕事をしていて楽しいのは、クライアントがどんどん変化することです。想像もしていなかった世界が広がり、想像を超える体験ができます。

誰でも、「プロ・コーチになりたい」と思えば、きっとなれます。特に女性はマルチタスクをこなせる人が多いので、コーチに向いていると思います。

自分で制限をかけず、まずはコーチングを受けてみることをおすすめします。コーチングは、「自分なんて、こんなもの」という枠を外してくれるものですから。

Episode.3

離婚、転職、子どもの不登校……苦難が宝になるきっかけになったコーチング

RCAコーチングアカデミー代表／日本ブリーフセラピー協会認定ブリーフコーチ／GCS認定プロフェッショナルコーチ・**手塚 令子**さん

私は、親との関係、結婚、離婚、子育て、貧困、転職、介護、子どもの不登校……さまざまな経験をしてきました。幸せは自分には遠いのかな、と考えたこともあります。食べるのに困って、独身時代に揃えたブランド品や高価なアクセサリーなどを売り払い、電気も止められて、子ども2人とローソクをつけて過ごしたこともあります。「自分らしさなんて我慢するしかないんだ」そう思って生きていたこともあります。

しかし、2013年にコーチングスクールに入社してコーチングに出合ってから、

私は変わりました。自分の過去の経験を活かし、人の心と向き合う仕事がしたいと考えてパーソナル・コーチングを始めたのです。

プロ・コーチになってみて思うことは、クライアントとのセッションをすることがすごく楽しいということです。たとえ自分が家の問題などで落ち込んでいても、クライアントの前ではニュートラルな気持ちになれますし、がんばっているクライアントの話はすべて自分に置き換えながら、自分自身も元気になる学びとなります。

もしコーチングをしていなかったら、正直もっと立ち直りが遅かったと思います。

コーチングをすることで、自分自身に自信がついて強くなれた気がします。

現在は、パーソナルコーチを中心に活動しています。クライアントは、経営者や起業を目指している人、自己肯定感を高めたいという人、子育てに役立てたいという人などさまざまです。

コーチを始めた頃に多かったのは、「転職したい」というクライアントです。

クライアントが望むところに転職できて、いい方向に変わると、その人の友人が「私も変わりたい」と言って、紹介からクライアントになるケースがよくありました。

異業種交流会や無料セッションがご縁で来てくださった方や、クライアントからの紹介でクライアントが少しずつ増えてきました。当初は女性のクライアントが多かったのですが、現在は男女半々になりつつあります。

2015年からRCAコーチングアカデミーで、自己肯定感の強化、コーチングスキル習得の講座を開講しました。

その人その人にカスタマイズしながら、わかりやすい講座を心がけています。

コーチとしてのマインドがしっかりと整えば、誰でもコーチになれます。

コーチに大切なのは、コーチとしてのあり方です。

反対に、スキルやノウハウだけではクライアントに寄り添うこともできず、型にはまったコーチングとなってしまいます。

また、自分自身の目標やあり方が定まり、それを発信することによって、自分に合ったクライアントが来るようになります。

自分らしい生き方がわからないという人は、「こんなことを人に言ってはいけない」といったことを考えて、優等生的な発言をする人が多いけれど「本当にそれで楽しいですか？」と尋ねてみたりします。

本当にワクワクすることであれば、顔つきが違ってきます。コーチングによって、

自分で自分を偽ったりせず、自分が本当にワクワクする方向に行くことができます。
コーチは、まずクライアントが何でも話せる環境をつくってあげることが大切です。
信頼関係ができて初めて、本当の気持ちを話すことができるのです。

私はブログやフェイスブックでも「自分は自分。みんな違っていていいし、あなたのやり方でいい。自分で自分を肯定して認めましょう」ということを日々発信しています。

自分らしさを見つけるには、自分が心地よいと感じることを探し続けることだと思います。

もし何か判断に迷うことがあっても、自分は最終的にどうなりたいのかを考え、そこに向かう道に必要なほうを選択すると、居心地の悪さが消え、迷う時間が短くなります。

以前の私はすごく悩むタイプで、たとえば友人と別れた後でも、「あのときこう言えばよかった……」「こうしたほうがよかったかな……」などと後悔しがちでした。

でも、コーチングを学んでからは、「自分の発信したことに、自分で納得していることが大事なことであって、投げかけた言葉の受け取り方は相手次第なんだ」と思えるようになり、後悔しなくなりました。

私にとってコーチングとは、人生であり、生きる道です。

自分自身のあり方もコーチングで正すことができますし、「本当にこれでいいんだ」と納得して生きることができます。

この20年間、働くママとして子育てをする中で、子どもが不登校になったり、メンタルな病気になったりと、悩みは尽きませんでしたが、私のそうした経験を活かして、家族関係や子どもとの関係にコーチングを役立てていただけるような活動を予定しています。

Episode.4

プロ・コーチになって、平日5時間稼働で月収7ケタを目指す！　ワーキングマザー

春名 美希さん

私は現在、認定コーチとして活動するための準備中で、今は留学をサポートする会社で時短勤務をしています。コーチングを学び始めたのは2015年9月から。目的は仕事のスキルアップです。

育児休暇から復職した際、それまで担当していた留学カウンセラーの仕事から、営業補佐の仕事に回されてしまったので、元の留学カウンセラーの仕事に戻してもらうために、コーチングのスキルを身に付けようと思ったのです。

また、コーチングは仕事だけでなく、子育てにも役立つのではないかと考えました。

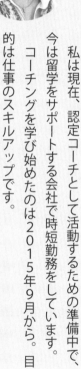

コーチングを身に付けると、あらゆる場面で「社会生活の武器」になると思います。まだコーチングを学んで半年足らずですが、自分の行動をスピードアップできるようになってきました。

コーチングがすばらしいと感じるのは、クライアントの表情が徐々に明るくなり、コーチングの後にクライアントから「状況を好転させることができました」という報告を受けるときです。

逆に、クライアントの課題が堂々巡りになっているのをブレイクスルーできなかったときは、もっとコーチングの経験を積んで、効果的な質問ができるようにスキルアップしなければと思います。

コーチングを学んだおかげで、自分としては不本意な部署から、新部署の立ち上げに関わる仕事に移行し、元の留学カウンセラーの仕事も担当できそうです。

今の会社である程度の実績を残したら、憧れの女性コーチのように、平日の11時から16時のみの稼働で、月収7ケタを超える働き方にシフトするのが目標です。

プロ・コーチになったら、ワーキングマザーや、子どもを国際人に育てたいと思っているママのコーチングをしてみたいと考えています。

女性コーチが女性をコーチする際は、社会的な立場の観点から、その機微を敏感に察することができると思いますし、論理的に解決しにくい感情的な部分は、女性コーチのほうがより繊細に寄り添えるのではないかと思います。

プロ・コーチという職業は、ワーキングスタイルの多様化に即していますし、女性の社会進出のためにも必要だと思います。

少しでもコーチングに興味をもったのなら、

一歩を踏み出してほしいです。そこから状況が驚くほど変化します。

Episode.5

専業主婦歴20年からプロ・コーチに転身

ICF PCC（国際コーチ連盟認定プロフェッショナルコーチ）／MBCC (Mindfulness based Coach Camp)・**國井あや子**さん

私は新卒で就職し、2年で寿退社して以来20年間、ずっと専業主婦をしていましたが、徐々に離婚を視野に自立の道を考えるようになりました。

「収入がまったくないから、まとまったお金を稼ぐ方法はないかな」

「社会で生きていくために、何かできることはないだろうか」

最初はカウンセリングの仕事に興味をもっていましたが、私のように声が大きく、よく笑う元気な人に会うと、悩みをもった人がかえって萎縮してしまうから、カウンセラーには向かないのではないかと言われて断念しました。

ちょうど、コーチングが日本に入ってきて間もない2000年頃、外資系企業の知人からコーチングのことを聞き、「私にもできるかもしれない」と思い、体験講座に参加してみました。

講座のインストラクターはとても元気な人で、コーチングについてとてもわかりやすく教えてくれ、スタッフにも「あなたには無限の可能性があります」と言われて、思い切ってコーチの道に賭けてみようと決心しました。

講座に参加している人たちもみんなものすごく元気で前向きだったので、「コーチングは元気になるための道具みたいだな」と思いました。

月4回、各1時間の講座を約半年間受けた後、生涯学習財団の認定コーチとなり、自分自身がコーチを雇ってコーチングを受けることにしました。

そのコーチと何度も話すうちに、「プロのコーチになって独立する」という目標が生まれたのです。

しかし私は、「女は頭がよくたって、たかがしれている。社会に出て活躍なんかできない」と元夫によく言われていましたし、ほとんど働いたことのない自分には、何のリソースもないと思っていました。それに、事務処理も得意ではなかったので、自分は社会的に不適合かもしれないとさえ思っていました。

だから、「専業主婦歴20年の下町のおばさんが、本当にプロ・コーチとして独立できるの？」と、正直、半信半疑でした。

その頃、コーチの勉強会にも参加するようになり、コーチに尋ねられました。

「何年後かにプロ・コーチとして独立するために必要な条件って何でしょうね？」

「まずコーチングがしっかりでき、話ができるようになることです」

「それ以外に必要なことは何ですか？」

コーチに問われ、私はどこかで教えているとか、どこかの会社に所属しているといったバックボーンがないので、そうしたバックボーンが必要なことに気付きました。

そんな折、勉強会でコーチングの講師を探しているという方と話をする機会があり、その縁から、専門学校で2002年から講師を務めることになりました。

同じ頃、コーチングスクールの立ち上げに参画し、2006年にコーチングスクールで教え始めました。

最初は自分にコーチが務まるのか半信半疑でしたが、今はコーチになるのに向き不向きはないと思っています。

たとえば、口数が少なくて自分の思いを明言するのが不得意なクライアントには、話上手な助言型のコーチが向いていますし、自分のことをどんどん話すクライアントには、そのエッセンスを要領よくまとめてくれるコーチが向いているというふうに、クライアントに合わせてコーチも百者百様ですから。

男性と女性のコーチの違いは一概には決めつけられませんが、男性のコーチは自分の経験を話したがる傾向があり、発想力が豊かな人が多いようです。
一方、女性は会話好きで、マルチタスクに向いている傾向があるので、クライアントの話を聞くのがうまいコーチが多いように感じます。
私のクライアントの中には、男性の社長が何人かいらっしゃいますが、女性のコーチのほうを選ぶことが多いようです。

社長のように人の上に立つ人は、同性の男性コーチに対しては、「強い自分を出さないといけない」という心理が働いてしまうけれど、女性コーチに対しては素直に自分の悩みや弱みを話せるのかもしれません。

女性が起業する際も、まず女性コーチを雇うほうが心のハードルが低くなるのではないかと思います。

コーチは開業資金がなくても始められますし、子育てしながらでも電話1本で仕事ができますから、女性の職業として非常におすすめです。

副業としてコーチの仕事を始め、軌道に乗ってから独立する女性コーチや、コーチングを学ぶことで、社内での昇進に役立てている女性管理職の方もいます。

「自分に自信をもちたい」「今の生活を変えたい」「起業したい」「キャリアアップしたい」――女性がコーチングを学び始めるきっかけは、そんな思いからです。

ただ、コーチングをしていて感じるのは、クライアントが自分を社会的成功者と呼ばれている人と比べたり、未婚の自分と結婚している女性とを比べたり、裕福に暮らしている女性と比べたり……他人と比較することで、自身のセルフイメージが低くなっている方がとても多いように見受けられます。

かつて私自身もそうでしたが、コーチに「あなたにしかできないことがあるのではないですか?」と言われて、考えが変わりました。

コーチを目指している方は、まず自分自身を認め、「自分にもクライアントにも無限の可能性がある」と信じてほしいと思います。

Episode.6

子育てをしながらコーチの登録・紹介サイトを運営

阿部コンサルティングオフィス株式会社　代表取締役
コーチングのポータルサイト「コーチングサーチ」運営　コーチ・**阿部寛子**さん

私がコーチングに出合ったのは、小さなベンチャーの人材派遣会社の営業に転職したときでした。その前は、15年ほど車の設計のCAD講師をしていたのですが、異業種から転職してきた私が扱いづらかったのか、私だけコーチを付けられたのです。

コミュニケーション系については、それまでもセミナーやスクールなどで学んでいました。でも、そのときのコーチとの出会いから、自分もコーチングを学んで手に職を付けて仕事に活かしたいと考え、2011年から本格的にコーチングを勉強し始めました。

コーチングを学ぶ際に、いろいろなスクールを渡り歩く人もいますが、基本はどこでもそれほど大きな差はないと思います。

コーチングのスキルは会話のマナーとして役立ちますし、義務教育の中に組み込んでもいいくらいに重要なことだと思っています。コーチングのスキルを身に付ければ、生きやすくなるし、一生役に立ちます。

息子にはコーチングを使って育児をし、私のもっているコーチング技術をすべて教えました。おかげで育児での心配ごとや悩みはゼロです。

2014年には、自分がコーチングを学んだり、マイコーチを付ける際、リサーチするのに苦労した経験から、コーチやコーチングスクール紹介のためのポータルサイト「コーチングサーチ」を立ち上げました。

コーチ自身も、コーチを探している人も、コーチングを学びたいと思っている人にも役立つ情報を提供したいと思ったからです。

私自身は、ポータルサイトの運営を中心に、一般向けのパーソナル・コーチングや、プロ・コーチになりたての方、これからプロとして生きていきたい方のためにコンサルティングサポートもしています。

そこでは、プロ・コーチとしていくら稼ぎたいのか、そのためには何をすればいいのか、クライアントから選ばれるためには何が必要なのか、また、実際にどんな方に問い合わせが多いのか、コーチのためのサポートをさせていただいています。

クライアントのニーズは、第一印象が優しそうな写真のコーチが高いようです。

決して見た目が華美である必要はなく、その人となりがにじみ出る写真を掲載することが大切です。クライアントは、自分が思う方向に変われるように見守ってくれる包容力のあるコーチを求めている人が多いと思います。

「コーチングサーチ」に登録していただいているコーチの6割は女性で、元気な人が多い印象です。

私見ですが、女性はもともとコミュニケーションに長けている傾向があり、誰かのためになりたいという願望をもった人が多いように感じます。

今後は、企業へコーチを紹介し、コーチング研修やセミナーでコーチの活躍の場をもっともっと増やしたいです。

また、外国人コーチにも登録していただいて、在日外国人にもコーチを紹介できるようにしたり、海外在住の日本人にも気楽にコーチングを受けられるようにしていきたいと考えています。

実は私自身、結婚したての頃、夫の海外赴任に伴って1年ほど海外で暮らしていて、とても不安だったので、あのときにスカイプなどでコーチングを受けることができていたら、もっと前向きになれたのに……と思ったのです。

コーチの仕事は、時間も場所もコントロールできるので、国内外どこにいてもできますし、子育てしながらでもできますし、副業にもおすすめです。

「コーチングサーチ」の運営が、コーチの安定した地位を確立する手助けになれば幸いです。

Episode.7

ハワイと日本を行き来しながらコーチライフを満喫

コーチ・たなかけいこさん

幼いひとり息子を抱えて離婚して、「さあ、これからどうやって生きていけばいいんだろう……」――そんな人生のどん底を救ってくれたのが、コーチングでした。
結婚前は8年ほどOL生活を送っており、結婚してからは専業主婦でしたが、5年目に離婚。夜も眠れないほどの不安を抱えたまま、どうしていいかわからず何年も過ぎていきました。
そんなとき、とあるきっかけでコーチングを知り、とにかく現状を何とかしたいと考え、まず自分のために藁《わら》をもつかむ気持ちでコーチングの勉強を始めました。

といっても、当時はまったくコーチングのことを知らず、スポーツのコーチ程度のイメージしかありませんでした。

以前にカウンセリングも学んだことがありましたが、自分にはあまりしっくりこず、学ぶにつれて、コーチングのほうが人生をよりよくしていけるのではないかと感じていました。

私は一般財団法人生涯学習開発財団認定コーチ、HCJ認定メンタルコーチですが、コーチングを学ぶ中で一番興味があったのは「自分を知る」ということでした。

それをもっと勉強したいと思い、自己の基盤を整える〝パーソナル・ファウンデーション・プログラム〟を学び、体験しました。それによって、コーチングのスキル以前に、自分を受け入れ、自分を大切にすることができたうえでのコーチとしてのあり方の重要性を知ることができました。

学ぶためにはそれなりに投資しましたが、すべては一生もののスキルなので、決して高い投資ではなかったと思っています。

本格的にプロ・コーチになろうと思ったのは2010年頃です。

当時、企業の人事課で中途採用の仕事をしていたときに、ＩＴ会社の教育事業部に誘われて転職し、コーチング研修のプログラムを考えたり、講師として働きながら、個人のクライアントをもったりしていました。

やがてそこから独立し、フリーでコーチングを行うようになりました。しかし、最初はご紹介、口コミだけが頼りだったので大変でした。

先輩コーチの研修アシスタントをしたり、ブログやメルマガで集客したり、マーケティングも学びながら、生活を成り立たせてきました。

以前はビジネスマン、看護師、教師、専業主婦とさまざまな経歴の方々がクライアントでしたが、その頃からヒーリングやセラピーも学んだことや、自身の離婚経験を活かして、離婚ケアコーチング「ディボース・ケア」を専門に活動を始めました。

今は、「軸を持って生きるライフスタイル」をコンセプトに、理想の出会いと結婚をサポートする『恋愛軸』コーチングを専門にしています。

私にとってコーチングとは、人間がもっている可能性を信じることです。

クライアントがもつ可能性や魅力を引き出し、そこに希望を見いだして、自分らしく生きることに寄り添い、見守ることがコーチとしての自分の役割だと思っています。

たとえ今どんな状況でも、自分の中にある希望を見つけて、毎日の暮らしに幸せを感じながら生きていくようになることは必ずできます。そして、その希望をもとに、本当にやりたいことをやったらいいんです。

「自信がない」「自分を信じられない」という方がとても多いのですが、「自分はこうなりたい」「これをしたい」というものがあるのに、「自信がないからできない」と言って、何もしないのはもったいないですよね。

私もコーチになり始めの頃は、経験も自信もなかったけれど、周りで支えてくれる家族や友人、私のコーチのおかげでここまで来ました。

コーチの仕事は私にとってやりたいこと、興味があることだったから、続けてこられたのだと思います。

今は、主にパーソナル・コーチングをしていますが、小グループでのランチ会なども開催しています。

今後は、もっと同じ悩みをもつ女性同士がつながる機会、交流できる場を日本やハワイで増やしていこうと考えています。

これからコーチを目指す人は、「どうして自分はコーチになりたいんだろう？」「コーチになることで、自分は何を実現させたいんだろう?」ということを、まず明確に言語化してみることをおすすめします。

コーチングは生きていくうえでの、仕事や恋愛、人との関わりすべてにおいて、知っておいて絶対に損はないコミュニケーションのスキルですし、そのことで自分自身が生きやすくなると思います。

プロ・コーチとして生計を立てていくつもりなら、どれくらいの規模のビジネスにしたいのかによっては、集客やマーケティングといったビジネススキルも学ぶ必要があります。

今、私は、息子がシェフとして巣立ち、好きなコーチングを仕事にしていて、ハワイにはパートナーがいることから、日本とハワイを行ったり来たりする自由なライフスタイルを楽しんでいます。

これは、私が特別だからできたのではありません。

本当にやると決めたから、どん底のシングルマザーでも実現したんです。

だからこそ、どんな人でもできないことはないと確信しています。

ただ、それには、コーチが必要です。

自分もコーチではあったけれど、ひとりでは絶対に無理でした。

「私も本当にやれるよね」ということを心底信頼してくれたコーチがいたから、今の自分があるのです。私も、たくさんの女性が可能性を開き、幸せに満ちた人生を生きていくことをサポートし続けたいと思っています。

Episode.8

コーチングは幸せに生きるためのひとつの入り口

コーチングスクール講師・**河西 香菜子**さん

私がコーチングを学ぼうと思ったのは、以前勤めていた会社での人間関係や組織のビジョンに悩むことが多く、何か解決法がないものかと必死で探したことがきっかけでした。

コーチングを学んだことで、私は人生が変わりました。

- **自分自身を認めること**
- **今の自分をそのまま受け止めること**
- **よい部分に目を向けること**

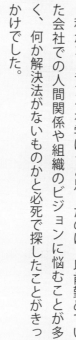

・自分のやりたいことを素直に人に話すこと
・ワクワクを選んでいくこと

そんなことが、少しずつできるようになっていきました。

そしてその頃には、尊敬でき、信頼できる仲間が増え、自分が望む状況が知らないうちにできていました。

コーチングとは、幸せに生きるためのひとつの入り口だと思います。


私が担当するクライアントは、若手経営者が多いのですが、その方々が自分自身のよさや可能性を知り、自身が大きくなることで会社も大きく育ってほしいと願っています。

コーチングスキルだけでは解決しないこともありますし、時間をかけなければならない場合もあります。

それでも、クライアントが私のコーチングを受けたことで、少しでも「生きるのが楽になった」「無限の可能性を感じる」「できる気がする」と感じてくれるとき、コーチとしてとてもやりがいを感じます。そんなクライアントの思いに共感して、自分も大きな喜びを実感できます。

プロ・コーチになるために最も必要なものは、「覚悟」と「思いやり」だと思います。コーチはこれからまだまだ可能性が広がる職業ですし、コーチングを学ぶことは必ず人生のプラスになるはずです。

興味をもったらまずは体験してみてほしいと思います。

Episode.9

人の「笑顔」は自分の「喜び」となり、世界がグンと広がります！

「芸術・教育支援」専門　クリエイティブ　コーチ／
「自己表現」「創造性」を高める色彩心理カラーボトルカウンセラー・**山田 まゆみ** さん

コーチングに関心をもったのは、心理学の本の翻訳をしている作家との出会いがきっかけでした。その方のプロフィールに「コーチング」という資格が記載されていたのを見て、そんな資格があることを知りました。

コーチングの先生の個人レッスンを受けている友人に話を聞き、私もコーチングを学んでみたいと思いました。

当時、私は作詞家としてマネージメント事務所に籍を置きながら、大学の一般教養講座でコーチング入門の講座を受講しました。その講座で基礎的なことを学んだ後、コーチングスクールで認定コーチの資格を取得しました。

コーチングを学んだことで、相手の話に関心をもったり、うなずいてしっかり傾聴したり、人と人との向き合い方や思考が変わりました。

それによって、仕事でクライアントが積極的に話をしてくれるようになったり、家族の間で会話が弾むようになったり、実生活におけるコミュニケーションが活性化しました。

私にとってコーチングとは、自分でも気付いていない個人の「存在価値」の確認であり、目的の場所に「最短のルート」でたどり着くための明確な道標であり、ゴールへの目標設定への導きです。また、人と人が寄り添い合って絆を深めていくためのコミュニケーションの手法ともいえます。

プロ・コーチには、クライアントの人生がより豊かに輝くための気付きや、相手が本来もっている才能の引き出しを開いて、共に寄り添っていく役割があると思います。

プロ・コーチになるために最も必要なことは、次の4つだと思います。

・**自分自身の経験や価値観から培われてきた「自己基盤」をしっかりもつこと**
・**相手の可能性や才能を信じること**
・**世の中の動きや人に対して常に関心をもつこと**
・**相手に元気や励ましの伝わる言葉をしっかり伝えてあげること**

コーチにもよると思いますが、一般に男性コーチは論理的で分析的であるのに対して、女性コーチは感情に寄り添ったり、共感したり、感情に働きかけることに長けているように感じます。また、女性らしい優しさで包み込んだり、明確な指摘で背中を押してくれる母性愛を感じさせてくれる女性コーチもいます。

現在私は、色彩心理や、色から人の個性や内面の気付きのサポートをするために、カラーボトルとコーチングを合わせたセッションを行っています。

色彩やカラーに関心がある方や自己表現をしたい方を中心に、芸術や教育、クリエイティブ系のクライアントのサポートをしています。

コーチングのセッションを終えた後、クライアントの表情が笑顔に変わると、とても嬉しいです。

コーチングや色彩心理をより多くの人に体感していただいて、子どもたちの輝かしい未来のための教育・芸術の支援をしていきたいと考えています。

コーチを目指している方には、自分が描いた「夢」や「未来」は、信じれば必ず叶うということをぜひお伝えしたいです。

人のために「魔法」をかけてあげることは、自分の「幸せ」にもつながります。

人の「笑顔」は、自分にとって「喜び」となり、世界が広がります。

Episode.10

歯科衛生士とコーチの二足のわらじで活動中

認定コーチ／歯科衛生士・長谷部 みゆき さん

私は歯科衛生士として歯科クリニックに勤務しながらコーチングを行い、歯科関係者に向けてコーチングについてのブログを書いています。

私自身もプロ・コーチが書いたブログを読んだことが、コーチングを学ぶきっかけでした。

コーチングに初めて出合ったのが2015年の夏です。その後、認定コーチの実地試験のときには、挫折しそうになることもありました。でも、コーチングを学んだことで、ゴールを明確にするようになり、まず「やってみる」という考え方をすることが多くなりました。

コーチングとは、いいことも悪いことも含めて、自分自身とじっくり向き合うことだと思います。

クライアントとセッションを重ねる中で、クライアント自身が答えを見つけ出したときには、大きな喜びを感じます。

今は会社員や主婦のクライアントが多いけれど、今後は自分の専門分野である歯科関係のほうにも広げていきたいと考えています。

コーチは活動する時間や環境を選べるので、女性に向いていると思います。
コーチを目指している女性には、「ぜひコーチングを広めましょう」というメッセージを送りたいと思います。

Episode.11

お金の相談にのりながらコーチングで心の悩みにも応える

認定コーチ／ファイナンシャル・プランナー
「いーな」を叶えるマネーコーチ・稲川 朋子さん

私は、ファイナンシャル・プランナーとして日々、お金の相談にのっています。

そんな中、お金の問題は心の問題に直結していることに気付き、お金の相談にコーチングを取り入れて、心とお金の悩みの両方の解決を目指しています。

「お金と心の不安から解放された女性がキラキラ輝き、社会で活躍する手伝いをする」――それが私のミッションです。

コーチングを学ぼうと思ったきっかけは、お客様からお金の相談を受けるうちに、お客様の心の奥にある問題を共有して、一緒に解決の方向に導くためにはコーチングが必要だと感じたからです。

私は以前から人に相談を受けることが多く、知人からも「コーチになったほうがいいんじゃない？」とすすめられたことがありました。

コーチングのスキルを体系的に学んだことによって、人の悩みの相談相手になることにストレスをあまり感じなくなりました。

また、クライアントの話をじっくり傾聴して、オープンな質問ができるようになり、クライアントの悩みがよりリアルにわかるようになりました。

ひとりよがりの答えではなく、クライアントが本当に欲していることが理解できるようになったのです。コーチング後に、最初は不安そうだったクライアントが満面の笑顔になると、本当に嬉しいです。

これからは女性の起業家が増えると予測されていますから、子育てや家庭の問題、仕事との両立といったことを理解している女性コーチはひとつの指標となるのではないかと思います。女性コーチはたわいのないことでも気軽に話せそうな雰囲気をもっている人が多いように感じます。

これからプロ・コーチを目指す人は、自分がコーチとして何を提供していきたいのかということを見据え、しっかりと目的をもって学ぶことが大切だと思います。

Episode.12

海外生活の悩みがコーチングで好転！

週末コーチ・H・Sさん

私は10年前にドイツに渡って国際結婚をし、8年前から現地企業に勤めています。平日は会社で仕事をして、週末だけスカイプのセッションを中心にコーチとして活動しています。

コーチングを学ぼうと思ったのは、コーチングを受けたことで、心身共に無理をしなくてもよいことや、生きる喜びに気付いたからです。そこで、私自身がコーチングを学ぶことで、私のように海外生活で悩んでいる人の手助けができないかと思ったのです。

「なぜダメなの？」ではなく、「自分はどうしたいのか？」ということにフォーカスするコーチングの基本を身に付け、常に自分に問いかけることによって、人生が大き

く変わりました。

今までネガティブ思考で生きてきたけれど、気持ちの切り替えができるようになり、生きることがとても楽になりました。

人間関係もすこぶるよくなり、企業という枠の中の考えが、ひとつではないということにも気付きました。

私にとってコーチングとは、まさに人生の転機といえます。

まだまだ駆け出しコーチですが、クライアントが「はっ」と何かに気付いたり、気持ちが切り替わって声のトーンが変わる瞬間に、とても嬉しくなります。

どんな人も、必ず答えをもっていると思います。それを一緒に探し出すのがコーチの役割。プロ・コーチとして、さらなる知識を付け、現場でのセッションの数を増やしていきたいと思っています。そして、私自身がクライアントの模範となるように、自分自身を磨き上げていきたいです。

女性の社会進出がますます進む中、女性のプロ・コーチという職業は欠かせません
し、女性経営者のサポートなど、さらにニーズが高まっていくと思います。
コーチを目指している方は、自分が最初にコーチングに関わったきっかけや、コー
チになりたいと思った動機を忘れないことです。
それがコーチの強みになり、クライアントへの強力なサポートになると思います。

◆コーチングを学ぶことで生きやすくなる

さて、12名の女性コーチのインタビューを紹介しましたが、どんな感想をおもちになりましたか？

ベテランの人気コーチから、まだ駆け出しのコーチ、週末だけのコーチ、海外で活躍するコーチなど、さまざまなかたちで、コーチングを仕事に、家庭に、社会に、人生に役立てている女性がたくさんいることに勇気づけられたのではないでしょうか。

私もインタビューをしながら、いろいろな困難を乗り越え、ひたむきにがんばっている女性コーチたちの生き様に感銘を受けると同時に、彼女たちのリアルな言葉から改めて多くの発見や学びを得ました。

ここで紹介した女性コーチは、来歴も、境遇も、コーチになった動機もそれぞれ異なりますが、いずれもコーチングによって「生きやすくなった」「人生が変わった」ということを語っていたのがとても印象的でした。

今は多くのクライアントを抱えている人気コーチでも、最初からバリバリのコーチだったわけではなく、自分に自信がもてずに悩んでいたという人が多くいます。

そういう悩みをもっていたからこそ、クライアントの心により深く寄り添うことができるのかもしれません。

多くの女性コーチが話されていましたが、これからの時代はますます女性コーチのニーズが高まると予想されます。

ぜひ、ここでご紹介した女性コーチの声を参考にして、コーチングのスキルを学ぶことをおすすめします。

第3章

ありのままの自分を認める

❶「セルフイメージ」が高い人と低い人

コーチとは、人の成長をサポートする存在です。

そのためには、コーチ自身の「自己基盤」が問われます。

自己基盤とは、何だと思いますか？

建物にたとえると基礎にあたる部分です。建物を建てるときに最も時間をかけているのは基礎工事です。特に高い建物を建てようと思えば思うほど、この基礎工事が重要になります。

東京スカイツリーは、巨大な三角形の基礎杭で支えられていますが、一番深い杭で約50メートルとのことです。

同じように人も、なりたい自分になるための土台、つまりファウンデーション＝自己基盤を整えることが大切です。

自分の中にどんな傾向があるのかを知っていれば、自分の感情をコントロールすることもできます。

たとえば、「本当は会社を辞めて独立したいと思っているけれど、親に反対されるから言い出せない」なんてことはありませんか？　そんなときは、「人生で妥協していることはないだろうか」「やりたいのに、まだやれていないことはないだろうか」などと、自分自身と向き合ってみましょう。

自分が納得できないことに妥協するのをやめ、自分の基準を引き上げることで、自己基盤を整えることができます。

よりよい人生を送るには、考え方、思考がとても大きく影響します。

なぜなら、考え方が行動を変え、行動が習慣をつくり、習慣がよい人格を形づくり、高い人格をもつことでよりよい人生が送れるようになるからです。

そのためにも、「セルフイメージを高くもつこと」が大切です。

「自分に自信がない」「こんな私にできるだろうか？」などと悩んでいる人がたくさんいますが、その多くは他人と比較していることが原因です。

セルフイメージが高くないからといって、その人自身のレベルも低いわけでは決してありません。むしろ、向上心が高く、自分に厳しいがゆえに、現状に不満を覚え、自分よりできるように見える人と比較して、「自分なんてまだまだダメだ……」と、セルフイメージが低くなってしまっている人が多いようです。

セルフイメージは幸福感にも関係し、セルフイメージが高い人は満足度が高いので、幸福感も高いといえます。

私自身も田舎者の引っ込み思案な性格で、自分にいつまでも自信がもてず、セルフイメージが低かったけれど、中小企業診断士の試験に合格し、恩師ともいえる先生との出会いによって、自信が生まれ、いろいろなことが好転するようになりました。

今でも恥ずかしがり屋ではありますが、だからこそ一歩前に出ることができないクライアントの気持ちがわかることもあります。

自分の弱みは、強みの裏返しともいえるので、決して諦めないでください。

❷ 自分を受け入れ、信じ、大切にする

セルフイメージを高くもつこととは、具体的には「自己受容」「自己信頼」「自己尊重」

の精神を高いレベルでもち続けることです。

まず、「自己受容」とは、善悪に関係なく、ありのままの自分をそのまま認めて受け入れることです。

たとえば、あなたが「私は人前でひどく緊張しやすい欠点がある」と感じて、自信を失っているとします。そんな自分のことを「私は人前でひどく緊張しやすい性格なんだ」と、あるがままの自分を許して受け入れることが「自己受容」です。

次に、「自己信頼」とは、自分で自分を信頼しているかどうかということです。つまり、たとえ逆境に陥ったとしても、「私はまだまだやれる！」と思えるかどうかです。自分に起こる未来の可能性を信頼することこそが、「自己信頼」の本質です。

そして、「自己尊重」とは、自分自身を大切に感じ、自分を慈しみ、自分を肯定し、ありのままの自分を尊重して、自分の存在価値を認められるかどうかです。

「自己受容」「自己信頼」「自己尊重」の3つが揃っている人は、セルフイメージが高い人、すなわち「自己基盤」の整っている人ともいえます。

コーチを目指す人は、まずあるがままの自分自身を認めて、その未来の可能性を信じ、自分自身を尊重することが大切です。

❸ 才能がないことを言い訳にしない

一流アスリートは、やはりメンタルが強く、自己基盤がしっかりした人が多いといえます。そうした選手は、テレビや新聞のインタビューでも常にポジティブに次のステップを見据えた受け答えをしていて、学ばせられます。

イタリアのセリエAで活躍する本田圭佑選手は、その代表格といえるでしょう。絶対に最後まで諦めず、自分を信じて突き進む姿勢は、見事というほかありません。最近は、「メンタルモンスター」とまで呼ばれているようですが、彼の言葉からは、自己基盤の中でも「自己信頼」が非常に強いことがうかがえます。

「信じることっていうのは、俺にとって希望なんです。信じられなくなったときに、希望の光は見えなくなる」

「俺はこんなもんじゃない。どれだけ成り上がれるか。ビッグチャンスだと思っている。俺の人生は挫折の連続。でもそこからはい上がろうとして、未知の世界を知ることもある。

今は苦しいけど、真剣に向き合うことで、見えてくることがある」
「挫折は過程。最後に成功すれば、挫折は過程に変わる。だから成功するまで諦めないだけ」（ＮＨＫ「プロフェッショナル 仕事の流儀」より）

本田選手のこうした名言の数々は、単なる強がりや根拠のないビッグマウスではなく、確固たる自己信頼に裏打ちされたものです。

彼は、今でこそイタリアの名門チームの背番号「10」を背負った名選手ですが、かつてはガンバ大阪のジュニアユースからユースに昇格できなかった「落ちこぼれ選手」でした。

どんなに夢をもっていても、「自分には才能がない」と感じると、多くの人はそれをコンプレックスに感じて、「自分には向いていない」と諦めてしまいます。

しかし、本田選手は「自分は才能がない」と公言しつつ、決してそれを言い訳にはしていません。むしろ天才肌ではないからこそ、人一倍努力することで自分の可能性を引き出し、並みいる天才プレイヤーたちと肩を並べて戦っています。

彼は生まれつき才能があるから活躍できているのではなく、才能がない自分を認め、その自分を受け入れ、それでも自分には可能性があると信じ、自分の夢に向かって地道に努力しているからこそ、世界で活躍できているのです。

本田選手は次代の選手の育成にも熱心で、日本最大級のサッカースクール事業を展開しており、ユースとジュニアユースのクラブも立ち上げています。

その背景には、単にサッカーの上達ということだけでなく、「自分で考え、自分で決断する能力を伸ばす手助けをしたい。それは生きていくうえで誰しも必要なことだから。サッカーを通じて、人間を育成したい」という思いがあるようです。

これは、まさにコーチングの考え方に通じることです。

自己基盤のある人は、自分の可能性を強く信じることができるからこそ、人の可能性も信じることができるのです。

❹ コーチの自己基盤をつくるために、まずコーチングを受けてみる

コーチに自己基盤がないと、クライアントの可能性を信じることができません。

コーチ自身が自分の可能性を信じられないのに、ましてクライアントの可能性を信じることができるわけがありません。自分自身もコーチを付けて実際にコーチングを受けてみるといいでしょう。

第2章で紹介した女性コーチにも、コーチングのセッションを受けて自分自身が変わったことがきっかけで、コーチングを学び始めた人が少なからずいました。

彼女たちのように、まずコーチングを受けてから学び始めてもいいし、コーチングを学びながら、自分にコーチを付けてコーチングを受けるのでもかまいません。

いずれにしても、自分自身がコーチングの効果をリアルに体験しないで、人に本気ですすめることはできません。

コーチを目指す人は、自分に合うコーチを探すのも、ひとつの経験になります。

コーチを探すときは、コーチのホームペー

ジやブログ、メルマガなどを見て、相性のよさそうなコーチを探す人が多いと思いますが、「百聞は一見に如かず」で、やはり実際に会ってセッションを受けてみるのが一番です。

コーチによって料金設定は異なりますが、通常は無料〜2000円程度のトライアル価格でお試し的にセッションを受けることができます。

もし「このコーチは自分にあまり合わないな……」「このコーチは何となく話しにくいな」などと感じたら、病院でセカンドオピニオンやサードオピニオンを求めるように、別のコーチにチェンジしてもかまいません。

ときどき、自分探しのために、あちこちで占いを受けている女性がいますが、自分の未来の可能性は、占いで告げられなくても、コーチングによって自分自身の力で引き出すことができるのです。

5 相手を認めることから始まる

「愛の反対は憎しみではなく、無関心です」

これはマザー・テレサの有名な言葉です。

人間にとって、自分にまったく関心がもたれないことは、憎しみにも勝る苦痛です。関心をもつということは、相手のことを認めるということです。

コーチングをする際の心得として、まずコーチ自身が自分のことを認める必要があるといいましたが、コーチはクライアントのこともありのまま認める必要があります。

アメリカの心理学者アブラハム・マズローは、人間は自己実現に向かって絶えず成長する生きものであると説きましたが、人は成長すればするほど「自分を認めてほしい」という自我の欲求が芽生えてきます。

マズローの提唱した有名な「人間の欲求5段階理論」のピラミッドでは、一番下の段は自分の命を維持するための「生理的欲求」、2段目は自分の身を危険から守るための「安全の欲求」、3段目は家庭や学校、会社、コミュニティなどの集団に受け入れられたいという「所属の欲求（社会的欲求）」となっています。

そして4段目が、他人から認められたいという「承認の欲求（尊厳欲求）」で、最も高い5段目が、あるべき自分になりたいという「自己実現の欲求」です。

コーチは、クライアントが自己実現の欲求に向かえるように、相手の所属の欲求や、承認の欲求を満たすような言動をすることが大切です。

といっても、むずかしく考える必要はありません。

「○○さん、こんにちは」

相手が部屋に入ってきた瞬間、笑顔でこう言うだけでも、相手の存在に気付いて認めていることになります。

一見当たり前のことのようですが、ポイントは相手の目を見て、相手の名前を呼びかけて挨拶をするということです。それだけで、相手は瞬時に「この人は自分の存在を認めてくれている」と感じて安心します。

❻ 相手が気付いていないことも伝えてあげる

「何で気付いてくれないの!?」

美容院で髪型を変えたのに、パートナーが全然気付いてくれないと不満をもつ女性の声をよく聞きます。女性が不満に感じるのは、髪型が変わったことさえ気付かないということは、「いかに相手が自分のことに関心をもって見てくれていないか」という事実の表れだからです。

「あなたのことをちゃんと見ていますよ」ということを相手に伝えるには、髪型のように見た目の明らかな変化はもちろん、相手さえ気付いていないことも伝えてあげるのがポイントです。


「今日はすごく目がきらきら輝いていますね。何かいいことがありました？」

「忙しくて寝てないと言われましたけど、とても顔色がよくてエネルギッシュな感じに見えますよ」

そんなふうに、相手が自覚していないことをさりげなく伝えることで、「あなたのことを見守っていますよ」というメッセージを伝えることができます。

あまり美醜に関わるようなナーバスなことに言及するのはおすすめしませんが、相手が自覚していないいい面を伝えてあげることは、相手の視点を変え、相手に気付きを与えるきっかけにもなります。

一般に、女性は観察力があり、相手の変化に対して敏感といわれます。

毎日顔を突き合わせている夫が髪型の変化に一向に気付かないのに、たまにしか会わない女性友だちが、「あら、髪の毛ちょっと切ったでしょ？　夏っぽくて涼しげね」と即座に気付いたりするのもそのためです。

女性はヘアスタイルの変化は言うに及ばず、新しいものを身に付けていたりすると、「そのネクタイ、素敵ですね。プレゼントですか？」などとすぐに気付きます。

女性コーチには、クライアントのちょっとした変化を察知して伝えるのが上手な人が多いのもうなずけます。

7 相手の「小さな一歩」を認めてあげる

「この半年間、自分ではがんばっているつもりなんですけど、全然進歩してなくて……」

「半年前は、この業務に1週間以上かかっていたようですが、今は4～5日で完了できていますよね。作業に少しずつ慣れてきたのではないですか？」

「言われてみると、確かにちょっとは慣れてきたかもしれないですね。まだまだ目標には及ばないけど、そういえば前よりは早くできるようになっているかも……！」

人は自分のことをわかっているようで、実は他人のほうが客観的に見えていることが少なからずあります。

自分の変化や成長を自分で認識しにくく、他人に具体的に指摘されることで、初めて自分の成長を認識して、「自分もできるんだ」という自信をもつことができます。

それによって、クライアントは「がんばろう」という意欲をもって目標に向かってチャレンジしていくことができます。

ポイントは、相手の「小さな一歩に気付いてあげる」ということです。

普通、私たちは、自分が歩けることは当たり前だと思っていますよね。

でも、ハイハイしかできなかった子どもが、初めて自分の足で一歩前に進んだとき、「すごい、すごい！」と感激します。

どんなに小さな一歩でも、どんなに拙い一歩でも、すべてはそこから始まるのです。

できる人には、「そんなことは、できて当たり前」かもしれません。

しかし、まったくできなかった「ゼロ」の人にとって、「1」に前進するのは容易なことではありません。

必死にがんばっている人に、「その一歩で、また頂上に一歩近づいたね」とエールを贈れば、「よし、今は辛いけど、一歩一歩がんばろう！」という気持ちになりますよね。同じように、コーチはクライアントの一歩のすばらしさを伝えてあげることが大切なのです。

❽「ほめる」と「認める」は別もの

「コーチングって、要するに相手をほめればいいんでしょ」

コーチングを聞きかじった人の中には、そんなふうに思っている人もいるようですが、しかし、相手を「ほめる」ことと「認める」ことは違います。

「ほめる」は、相手のよい点や具体的な成果に対して肯定的に評価し、それを伝えることです。それに対して「認める」は、事実・存在をそのまま伝えることであり、肯定・否定などの評価を含みません。

クライアントが「今、最悪な状態なんですよ」と落ち込んでいたとしたら、コーチは「今は最悪な状態なんですね。ただ、ここに関しては少しよくなっていますよ」という事実を伝えることはあっても、自分が思ってもいないのに、相手を元気づけるために無理にほめちぎったりはしません。

どんなにほめ言葉を重ねられても、本当にそう思っていない相手から、歯の浮くようなほめられ方をしても、嬉しくはないものです。

まして、「相手に嫌われたくない」「この場を平和に収めておきたい」という思いで、人をほめるのは、相手のためを思っているのではなく、自分の保身のためです。

第5章で詳しくご説明しますが、相手がどんなタイプであるかということによって、ほめ方も変わってきます。

ほめるときには、少なからず「評価」が伴いますが、コーチとはクライアントを上から目線で評価する存在ではなく、クライアントと対等な存在です。

やたらとほめて相手をダメにすることを「ほめ殺し」といいますが、コーチングとは、あくまでもクライアント自身が成長するためのサポートであって、ほめて相手をコントロールするものではないのです。

ただ、「○○さんが、あなたがいてくれたからうまくいったと感謝していましたよ」と、第三者がクライアントをほめていた事実を伝えるのは、クライアントの意欲を向上させるきっかけになり得ます。

最近は「ほめ育て」という言葉もよく聞かれますが、相手のことを認めるコーチングの手法は、家庭で大いに役立ちます。

⑨背伸びをしてポジティブシンキングになる必要はない

「コーチングは何でもポジティブに考えればいいんでしょ！」

そんなふうにコーチングを考えている人もいますが、コーチングとは自分の力以上に背伸びをして無理にポジティブシンキングをすることでもありません。

繰り返しますが、コーチングとはありのままの自分を認め、ありのままのクライアントを認めることが大前提です。

脳科学の世界では、たとえば他人に対して「バカ！」「最低だ！」などとののしると、脳はそれをすべて自分のこととしてとらえるので、ネガティブな言葉は極力使わないほうがいいといわれます。

確かに、ネガティブな言葉は、それを言われた人も、言った人も、ネガティブな気持ちになってしまいます。

コーチングでも、決してクライアントを否定したり、ネガティブな言い方で責めたりはしないのが大前提です。

クライアント自身が「あれは失敗でした……」とネガティブなことを話しても、「なぜ、失敗するようなことをしてしまったんですか?」などと、相手を責めているように聞こえる質問はしないのがコーチングの鉄則です。

失敗したと言われたら、「どんなことがあったんですか?」というふうに、まず事実を尋ねるような質問の仕方をすることがポイントです。

「そんな失敗ぐらい、たいしたことないですよ。もっと悲惨な人がいますからね!」などと、強引にポジティブな方向に相手の思考をコントロールしようとするのはコーチングではありません。

ネガティブを否定するあまり、過剰にポジティブな方向にもっていこうとしてみても、ネガティブなものに引っかかっているクライアントが説得されることはないですし、クライアント自身の自発的な行動にも結びつきません。

仮に失敗をどうやってプラスに転じるかというテーマであれば、「うまくいかなかった中で、あなたが少しでも何か得たことがあるとしたら、それはどんなことですか?」「失敗を防ぐために改善できる点があるとしたら、どんなことが考えられますか？」など、相手が自分の中からプラスを引き出すような質問を投げかけることが大切です。

10 解決することがコーチの役割ではない

「私はアドバイスなんて要らない」

経営者の中には、そんなふうに言われる方もいます。

自分の会社のことは経営者自身が一番わかっているという自負がありますから、それをとやかくアドバイスしてもらう必要はないというのもよくわかります。

経営者が経営に関するアドバイスを求めるなら、コーチではなく経営のプロである経営コンサルタントに依頼するでしょう。

エグゼクティブ（経営幹部）がコーチに求めるのは、自分の目標を最速・最短で達成させるコーチングのプロフェッショナルとしての手腕です。

「でも、経営について詳しくないのに、経営者の問題を解決に導くコーチングなんてできないのでは？」

「女性の自分に、年輩のエグゼクティブのコーチなんて、務まるのかしら」

そんな疑問が吹き飛ぶような事例があります。

世界的な企業であるゼネラル・エレクトリック社（ＧＥ）の最高経営責任者を20年間にわたり務めていた〝伝説の経営者〟と呼ばれるジャック・ウェルチ氏は、１９９９年に来日したとき、27歳の女性コーチを付けていると話していました。

当時60代半ばだった彼が、娘のような年齢のコーチを付けていたのは、経営のプロが認めるプロ・コーチだったからでしょう。

11 話すだけで頭の中が整理される

経営者に限らず、クライアントは、コーチの質問に答えながら話をするだけで自分の頭の中が整理されます。

質問のポイントについては、第４章で詳しくご説明しますが、コーチはクライアントの問題を解決するのではなく、的確な質問によってクライアントの頭の中を交通整理する役割を担っています。

もし、真っ暗な迷路でクライアントが迷っているとしたら、先頭に立って「宝箱はここにありますよ！」「出口はここですよ！」と教え導く水先案内人の役割を担うのがコーチではありません。

「一緒に宝箱を見つけて、出口を探しましょう！」と、クライアントにぴったり寄り添い、「あなたの宝箱はどんな姿をしているんですか」とクライアントが目指すものを見つける手助けをし、出口を探すサポートをするのがコーチの役割です。

もし、コーチに誘導されて宝箱を見つけたり、出口にたどり着けたとしても、自力でできたという感覚がないと、クライアントは達成感も自信も得られません。

たったひとりで迷路をさまようのは、とても孤独で心細いものですが、コーチが伴走してくれることで、クライアントは焦らず落ち着いて考え、行動することができるようになります。

クライアントと共に迷路を手探りで進むのは、とても根気が要りますが、「宝を見つけた！」「出口の光が見えた！」という感激をクライアントと共有する喜びは、まさにコーチならではの醍醐味といえます。

第4章

「フォー・ミー」ではなく「フォー・ユー」

❶ 8割以上はクライアントが話す

たとえば、あなたが友人とカフェで会話をするとき、自分の話ばかりにならないように、互いにバランスよく会話のキャッチボールを楽しむでしょう。

コーチングのセッションも、基本的にコーチとクライアントの会話によって進行しますが、8割以上はクライアントが話をします。

「……ということは、1時間のセッションなら、クライアントが50分くらい話をして、コーチは10分も話をしないことになるわけですね。たった10分も話さないのにコーチング料を払うって、どういうこと!?」と思う人もいるかもしれませんね。

しかし、コーチの役割とは、クライアントに気持ちよく話をしてもらうことにあります。クライアントに対して、いかに多くの情報を提供できるか、アドバイスできるかがコーチの存在意義ではありません。

会話全体のわずか2割に満たない簡潔な受け答えで、クライアントから有意義な話を引き出すには、コーチに相応の「質問力」が必要です。

そして何よりも、クライアントの話にじっくりと耳を傾け、その言葉から相手を最大限に理解する「聴く力」が必要です。

といっても、コーチが「ふむふむ」と聴き役に徹して、クライアントがだらだらと無駄話をするだけではコーチングの効果も少なくなってしまいます。

また、コーチが自分の価値観と相反するからといって、クライアントの言葉を否定したり、クライアントを追い詰める尋問や詰問になってしまうのもNGです。

ビジネス・コーチングでも、ライフ・コーチングでも、コーチはクライアントに問いかけ、それを聴き取りながら会話を進めていきます。

それによってクライアントがゴールを明確にし、より短期間に目標を達成するようにサポートするのがコーチの役割です。

本書の冒頭で、コーチという言葉の語源は「乗合馬車」に由来するというお話をしましたが、会話の手綱をしっかり握りながら、相手をできるだけ心地よく、かつ迅速に目的地に連れて行くのがコーチの使命です。

❷ 相手の呼吸に合わせる

クライアントには、いろいろな人がいます。

話題豊富でおしゃべり好きの人もいれば、人見知りで口数の少ない人もいます。

早口でサクサク話す人もいれば、ゆっくり噛んで含めるように話す人もいます。

快活で声の大きな人もいれば、囁くような小声で話す人もいます。

身振り手振りを交えて表情豊かに話す人もいれば、ポーカーフェイスで淡々と物静かに話す人もいます。

こうしたさまざまなクライアントに対して、コーチはいったいどんなふうに対応すればよいのでしょうか。

基本的に、コーチはクライアントの呼吸に合わせて質問をしたり、相づちを打つのが理想的といわれています。

もしあなたが早口で声が甲高くでも、クライアントがゆっくりと落ち着いたトーンで話す人なら、あなたもそのペースに合わせて意識的にゆっくりトーンで話すほうが、クライアントも自分のペースを守って話すことができます。

また、コーチはクライアントが話している最中に遮ったり、自分の言葉を被せたりせず、最後まで丁寧にきちんと相手の話を聴くことが鉄則です。


もし、クライアントが質問に対して黙って考えているようなら、「好きなだけゆっくり考えてください。それまで黙っていますね」と、相手を急かさないようにしましょう。

「1回のセッションの時間は限られているし、お金をいただいているからには、それなりに話を進めないと……」と考えてしまうかもしれませんが、コーチのペースに相手を巻き込むのではなく、あくまでも相手の考えるペースに合わせることが大切です。

あまりにもクライアントの沈黙が長く続くようなら、こんなふうにやんわりと問いかけてみましょう。

「もう少し考えていたい感じ？」

「今、どんなことを考えていますか？」

たとえ短い言葉でも、相手から何かひとつでも返答があったら、それを聴き流さず、「そうなんですね」と、受け取ったことを相手に伝えましょう。

さらに、相手から受け取った答えに対して、「それはたとえばどんなことですか？」「それからどうしたんですか？」といった質問をしていくことで、クライアントからさらなる深い言葉を引き出していくことができます。

❸ 話を引き出す環境づくり

「どこに座りたいですか？」

私はセッションの際、席が限られていない場合は、クライアントに好きな場所を選んでもらうようにしています。

なぜなら、クライアントから話を引き出すためには、まず相手が心地よいと感じる環境をつくることが大切だからです。

私の今までの経験では、ほとんどのクライアントが、左右どちらか斜め45度の位置に座ることを好む傾向があるようです。そのほうが、心理的に緊張感が和らぐからかもしれません。

といっても、クライアントの中には、迷わずコーチの真正面にドンと座る人もいますし、コーチの真横に座ったほうが話しやすいというクライアントもいますから、コーチが勝手にクライアントの座る場所を決めてしまわないようにしましょう。

クライアントと話すときも、あまりじっと相手の目を見つめると、相手が緊張してしまう場合があるので、顔の中心にふわっと目線を置いて話を聴くようにしましょう。

もし、相手があまりリラックスできていないと感じたら、「少し緊張している感じですか」「何か気になることがありますか」などと、問いかけてみましょう。

初対面のクライアントが少し緊張している様子なら、「今日はいいお天気ですね。もうあちこちに桜が咲いていますけど、お花見はお好きですか？」などと本題とは関係ないけれど、場を和ませ緊張を解きほぐすアイスブレイク的な質問をしてみてもいいでしょう。こうしたアイスブレイク的な会話は、男性コーチより、おしゃべり上手な女性コーチのほうがさりげなくできる人が多いように感じます。

❹ 情報は言葉だけにあるわけではない

「人は見た目が9割」とよくいわれますが、アメリカの心理学者アルバート・メラビアンが1970年代に提唱した「メラビアンの法則」によると、人の第一印象は、最初の3〜5秒で決まるそうです。

しかも、その情報の50パーセント強は、見た目や仕草、視線などの視覚情報で、約40パーセントが声の質や大きさ、話すスピード、口調などの聴覚情報によって決まるといわれ、その人の話す言語情報の影響はわずか7パーセントしかないという実験結果が得られたそうです。

メラビアンの法則には賛否両論あるようですが、話す内容だけがその人の情報のすべてでないのは事実です。

コーチングの際も、クライアントの言葉だけで判断せず、クライアントの顔の表情や身振り手振り、しゃべり方なども常に注意を向けセッションを進めます。

スカイプや電話のセッションの場合は、クライアントの声のトーン、声色の微妙な変化、息づかいなどからクライアントの状態や気持ちの変化を感じ取ることが求められます。

クライアントの中には、コーチに対してつい優等生的な発言をしたり、自分でも心の奥底に潜む本音に気付かずにいる場合があるので、言葉だけですべてを判断してしまわないことが大切です。

5 クライアントが目指すゴールに向かって

コーチングを受けるときは、まずクライアントがコーチングを受けることで達成したいゴールを設定します。

そのゴールに近付くための答えをクライアントから引き出し、クライアントの自発的な行動を促すことがコーチングの指標となります。

初めて受診するクリニックや病院で、来院理由や症状、既往症などの基本情報を書いて診察時の参考にするように、コーチングを受けるクライアントには、事前にオリエンテーションで基本的な情報を書いてもらうのが一般的です。

たとえば、1年後に起業を目指している女性がコーチングを受けるとします。

コンサルティングの場合は、「起業するためには、これとあれとそれが必要です」と、コンサルタント側から指示しますが、コーチングの場合は「起業に際して、どんなことが必要だと思いますか?」と、まず相手の思いを確認します。

初めて起業する人の場合は経験がないので、あれこれ漏れが多いかもしれませんが、必用な要素が抜けていても、コーチは決して上から目線で指示したりはしません。

「起業することであなたが成し遂げたいことは何ですか?」「あなたの理想とするお店から学べることがあるとしたら、どんなことですか?」などと質問をすることによって、相手の「ありたい姿」を明確にしていきます。

次に現在の状況や活用できる知識・経験・人脈などについて整理をし、「ありたい姿（目標）と現状とのギャップ」を埋めるためには何が必要かを考えます。

そして、「次のセッションの日までに、仕入れ先のリストをつくってきてくださいね」「販促の方法を考えておいてくださいね」と、クライアントが目指すゴールに近付くための具体的な行動を促します。

「起業するのが夢」「いつか起業したい」と思っていても、ひとりで夢見ているだけではなかなか具体的に動くことができませんが、コーチのセッションを受けることで、クライアント自身が「これも必要だな」「これもいつまでにしないと、間に合わないな」と気付いて自発的に行動を起こすので、着実に目標に近付けます。

もちろん、コーチがまったくアドバイスをしてはいけないわけではなく、クライアントが望むのであれば、クライアントの同意を得たうえで、コーチが知っている有益な情報を提供することも有効です。

ただし、コンサルティングのように「この方法がベストなので、こうしてください」という指示のしかたはしません。

コーチングの場合は、「こういう方法論がよく使われているようですし、こういう最新データもあります。一番やってみたいのは、どれですか？」と、情報を提供しつつ、あくまでもクライアントの意志に委ねます。

コンサルタントの指示通りに従ってビジネスが成功すれば願ったり叶ったりですが、万が一うまくいかなかった場合、クライアントには「コンサルのせいで失敗した……！」というフラストレーションが生じがちです。

しかし、コーチングの場合は、あくまでもクライアント自身の意志で動くので、仮にうまくいかなくても、「自分で決めたんだから」と納得することができます。

❻ 相手の気付きを引き出すオープン・クエスチョン

コーチングの質問の極意は、「フォー・ミー」ではなく、「フォー・ユー」です。

フォー・ミーとは、自分が興味あるがゆえに相手に尋ねる、自分のための質問です。

フォー・ユーとは、相手のための質問です。

その質問をすることで、相手の中に気付きが起きて行動変容につながるような、相手にとって有益な質問です。

日常会話ではほとんどの場合、「フォー・ミー」の質問が多いと思いますが、コーチングの質問は、「フォー・ユー」が基本です。

また、質問には、「クローズド・クエスチョン」と「オープン・クエスチョン」があります。たとえば、朝のセッションでコーチが開口一番、こんな質問をあなたに投げかけたとします。

「昨日はよく眠れましたか？」

「はい、よく眠れました」と答えるか、「いいえ、よく眠れませんでした」と答えるか、ほぼどちらかの返答をするのではないでしょうか。

では、コーチにこう尋ねられたら、あなたはどう答えますか？

「今朝はどんな感じですか？」

感じ方は人によって千差万別ですから、単純に「眠れた」「眠れなかった」と答えるのと違って、あなたは自分がどんな感じかを説明しようとあれこれ考えるのではないでしょうか？

オープン・クエスチョン　　クローズド・クエスチョン

「昨夜はよく眠れたので、頭がわりとスッキリしている感じです」

「今朝は急いで家を出てきたので、まだちょっと落ち着かない感じですね」

「夜更かしをしたので、少しぼうっとしています」

などなど、その人によって答え方はまったく変わってくるでしょう。


「昨日はよく眠れましたか?」のように、相手が「はい、いいえ」または「Aか、Bか、Cか」といった択一で答えられるような、回答範囲を限定した質問を「クローズド・クエスチョン」といいます。

これに対し、「どんな感じ?」「どう思う?」

といった、相手に自由に答えさせるような質問を「オープン・クエスチョン」といいます。具体的には、「5W1H」を使った質問です。

クローズド・クエスチョンは、質問者が相手の考えや事実を明確にするために使われます。それに対して、オープン・クエスチョンは、相手に気付きを与え、より多くの情報を引き出すことができます。

事実を確認するときや答えやすい質問から入るときには、クローズド・クエスチョンが有効なこともありますが、質問が一問一答になり誘導尋問のようになりがちで、また、大切な情報や本音を引き出しにくくなります。

たとえば、上司が「仕事で何か問題がある？」というクローズド・クエスチョンをすると、部下はあまり深く考えずに「特にないです」と簡単に答えがちです。

しかし、「仕事を今より少しでもやりやすくするには、どんな点を改善すればいいと思う？」といったオープン・クエスチョンをすると、部下自身が今まで深く考えていなかった問題意識を掘り下げて、よりよい方法論を探るきっかけになります。

コーチングでは、クローズド・クエスチョンより、クライアントが気付きを得ることができるオープン・クエスチョンを中心に対話を進めることが大切です。

コーチングのセッションは、コーチのシナリオ通りに進むものではないので、クライアントにオープン・クエスチョンを投げかけると、思いもよらない答えが返ってくることも多々あります。

クライアントから予定調和ではない言葉が引き出されることこそが、コーチングの醍醐味ともいえます。

ですから、コーチがオープン・クエスチョンを使いこなすには、たとえ相手からどんな言葉が返ってきても、それをしっかりと受け止められるだけの度量が必要です。

日常会話の延長で、ついコーチの興味本位からクライアントの答えを回収しやすいクローズド・クエスチョンをしてしまいがちですが、オープン・クエスチョンをうまく使いこなせるようになると、人間関係にもぐっと深みが増します。

7 話のかたまりをほぐすチャンクダウン

オープン・クエスチョンでクライアントの言葉をうまく引き出すことができたら、さらにそれを具体的に掘り下げていくようにします。

しかし、私たちは日常会話において、相手の話を掘り下げるチャンスをうっかり逃していることがよくあります。

たとえばこんな会話をした経験はありませんか？

「先月、ヨーロッパに行ったの」

「へえ、旅行はどうだった？」

「すごく楽しかった〜！」

「へえ、そうなんだ！　実は私も去年ヨーロッパに行ってきたんだ」

これでは、相手の旅行の何がどう楽しかったのか、まったくわかりません。

人は、何か体験したことを「楽しかった」などと、ひとつの「かたまり」にして抽象的に説明することがよくあります。

また、相手の話題を受けて、「私も」と自分のことを話してしまいがちです。自分の話を始めてしまうと、そこで相手の旅行の中身を十分に引き出すことができません。

相手の話を引き出すには、「どんな国や都市に行ったの？」「誰と行ったの？」「どんなことが一番楽しかった？」「食事はどうだった？」などなど、「すごく楽しい」というざっくりした「かたまり」をほぐしていく必要があります。

これを「チャンクダウン」といいます。

「チャンク」とは文字通り「かたまり」のことで、「いつ」「どこで」「誰が」「何を」「どんなふうに」「何のために」したかという「5W1H」を尋ねる質問をしていくのもチャンクダウンの手法のひとつです。

相手の話をコーチが解きほぐしてより具体的にしていくことで、クライアントの頭の中も自ずと整理されて、本質的なことが見えてきます。

もし、クライアントが仕事のことであれこれ問題を抱えているとしたら、チャンクダウンによって、クライアントも気付いていない根本原因を特定できることもあります。

チャンクダウンのテクニックは、クライアントの目標設定の際にも有効です。

どんなふうになれば、目標達成したことになるのか。

目標達成できると、どんなメリットがあるのか。

目標達成するには、何が必須で、今自分が優先すべきことは何なのか――。

チャンクダウンによって、目標達成のイメージをどんどん具体的にしていくことで、達成する可能性も飛躍的に高くなります。

8 「ほかには?」で広がる質問

チャンクダウンで使うように、抽象的な話を具体的に深く掘り下げていく質問を、「垂直質問」といいます。

これに対して、「ほかには?」と、横に広げていく質問を「水平質問」といいます。

たとえば、クライアントが何か壁にぶち当たってなかなかブレイクスルーできないで悩んでいるとき、「うまくいかない原因は、販売不振ということですね。ほかにはいかがですか?」と質問したとします。

「ほかに……そうですねえ、営業も弱いですね」

「ほかには?」

「うーん……そもそも、販売や営業の人材を育成していないことが問題かもしれないですね」

このように、「ほかには?」と尋ねることで、クライアント自身が特定していたもの以外の問題点を自ら探り当てて気付きを得ることがあります。

深く掘り下げる垂直質問と、横に広げる水平質問を組み合わせることで、クライアントとの対話が縦横に展開し、相手の中にあるものを効果的に引き出すことができます。

9 相手の立場を変える

「もしも、あなたがあなたの上司だったら？」

「もしも、あなたがあなたの部下だったら？」

「もしも、あなたがあなたの母親だったら？」

「もしも、あなたがあなたの夫だったら？」

「もしも、あなたがあなたの子どもだったら？」


話がちょっと煮詰まってきたときや、何から手を付けていいかよくわからないようなとき、「もしも○○なら」という仮定で、立場を変えて相手に異なる視点を与えることで、クライアントの中にさまざまな気付きが生まれるきっかけをつくることがあります。

視点を変える質問をすることで、ひとつの角度からだけでなく、多角的に現状を見据えることができるようになり、頭の中が整理され、突破口を見つけやすくなるからです。

たとえば、上司に不満がたまっている社員に、「もしも、あなたが上司だったら」という質問を投げかけることで、「自分が上司だったら、もっと部下に気遣ってあげるけどなあ。……でも、甘いことばかり言っていると納期に間に合わなくなるから、今の自分みたいにミスが多い部下を見たら、やっぱり厳しく言うよなあ」などと、自分を客観視して、相手の心情にも思いが及ぶようになります。

また、「もしも、あなたがあなたの親友だったら、今のあなたにどんなアドバイスをしてくれると思いますか？」と、第三者の視点でとらえる質問をすることで、当事者の視点を離れた考えが浮かぶこともあります。

「もしも、あなたが憧れの○○さんだったら？」と、クライアントの憧れる人物や、尊敬する人物になったという視点を与える質問も効果的です。

「もしも私があの先生なら、きっとこんなことぐらいで弱音を吐いたりしないはず。もっと私も先生みたいに努力しなきゃ！」などと、手本となるロールモデルのような人物に自分を当てはめて、自分ももっとそこに近付こうと自発的にがんばるようになります。

何かトラブルがあった場合も、相手に「なぜあなたはそんなことをしたんですか?」と聞くと、責められているように感じて「自分は悪くない!」と反発したくなりますが、「もしあなたのほうに責任があるとしたら、何だと思いますか?」と視点を変えるだけで、「この点については確かに自分が悪かったと思う」と、争点を整理できるようになります。

10 時間軸や条件を変える

「もしも、あなたが10年後の未来にいるとしたら、どうなっていたい?」

「もしも、あなたの余命があと1年だったら、何をする?」


そんなふうに、時間軸を変えた質問をすると、クライアントが現在・過去・未来の視点から自分を見つめ直すきっかけになります。

たとえば、「10年後には、50歳か。それまでには自分は起業して軌道に乗っていたいな。そのためには、今から資金を貯めて、いろいろ準備をしなくては!」というふうに、未来の理想の自分を思い描くことで、今やるべきことに対して自発的に行動を起こせるようになります。

あるいは、「あと1年しか生きられないなら、家族のために全力で生きよう。今は仕事が最優先の毎日だけど、やっぱり自分が本当に大切なのは家族だからなあ……。でもそう考えたら、今の仕事を見直して、もっと家族との時間を大切にする生き方に変えていかないとなあ……」というふうに、時間を限定することで、ものごとの優先順位や、自分の価値観、ライフスタイルの見直しなど、さまざまなことに対する気付きを促すきっかけになります。

未来だけでなく、過去に視点を変え、今までで最高によかった出来事を思い返してもらう方法もあります。

それによって、相手は自分が最も大切にしていることを再認識し、今後どのようにするのが自分にとって一番意義深いことなのかという未来の道筋が見えてきます。

「将来はお金持ちになっていたい」というクライアントに、「あなたの夢が叶って、今100億円を手にしたとしたら、どうやって使い切る？」と、夢が現実になったと仮定した質問をしてみたことがあります。

「豪邸を建てて、フェラーリを買って、クルーザーを買って、世界中を旅して……」とあれこれ挙げてみるものの、個人が100億円すべてを現実的に使い切るのは案外むずかしいものです。

漠然とした夢を現実的にとらえる質問をすることで、自分の夢そのものについて、もっと深く掘り下げて考えるきっかけになります。

「理想が100点とすると、今の状態は何点ぐらいですか?」

「ゴールが富士山の頂上だとすると、今は何合目ぐらいにいると思いますか?」

そんなふうに、ものごとを数値化したり、細分化する質問をすることで、相手は自分の立ち位置を俯瞰《ふかん》的に見ることができるようになります。

そうすることで、「自分なんてまだまだ……」という漠然とした自信のなさを、「まだ50点ほどだけど、もう半分はできているんだな」「苦しかったけど、よく考えたら、もう5合目まで上ってきたんだな」という前向きな視点にチェンジできます。

読者のみなさんも、ぜひこうした視点を変える質問に自問自答してみてください。それによって、自分自身の夢やゴールが見えてきたり、自分のやるべきことが明確になります。

第5章

コーチは鏡のような存在になる

❶ 相手の反応を見て気付いたことを伝えるフィードバック

女性は男性よりも鏡を見ることが多いのではないかと思いますが、ときどき鏡を見ると、思いのほか髪が乱れていたりして、はっとすることはありませんか？

鏡のように相手を受け入れ、相手の話を聞き、それに対して感じたことを正直に伝えながら、ときとして相手が話していない感情や思いも感じ取って伝えるコーチングの手法を「フィードバック」といいます。

鏡に映る姿が、自分の思う自分とちょっと違うことがあるように、人が話す言葉は、実際に思っていることと多少食い違っていることがあります。

フィードバックによって、クライアントは自分自身も意識していなかった気付きを得ることができます。

鏡を見て「今日はよく眠れたせいか、顔がつやつや元気そう！」と前向きな気持ちになるときと、「うわっ……思ったより顔が疲れているなぁ」と落ち込むときがあるように、コーチのフィードバックにもポジティブな気付きと、ネガティブな気付きがあります。

ポジティブなフィードバックは、クライアントにとって心強い励ましになります。

ネガティブなフィードバックも、今まで気付かなかった問題点を自覚し、改善できる絶好の機会です。

コーチは、基本的にクライアントの言葉を否定しないのが大前提ですが、フィードバックはコーチが正直に感じたことを伝えるので、否定ではありません。

ただ、クライアントに対してネガティブなことを正直に言う際には勇気が要ります。「こんなことを言ったら、失礼な人だと思われて嫌われてしまうんじゃないかな」「自分の言葉でこの人を傷つけてしまったらどうしよう……」などと心配になるかもしれません。

でも、もしあなたの顔に何か付いていたとしたら、そのことを知らんぷりして黙っている人より、親切に教えてくれる人に感謝しませんか？　フィードバックも同じで、誠実に伝えてくれるコーチにクライアントは信頼を寄せてくれます。

コーチングの目的は、クライアントが望むゴールに到達するためのサポートをすることですから、その障壁になるようなことは、できるだけ早めにクライアントに改善してもらうように気付きを促す必要があるのです。

❷ 私発信の「Iメッセージ」、あなた発信の「YOUメッセージ」

「私には、○○のように見えます」

「私には、○○のように聞こえます」

「私には、○○と感じられます」

「私には、○○というふうに受け取れます」

「私には、○○な感じに伝わってきます」


こうした「私＝I」で始まるメッセージを、「I（アイ）メッセージ」といいます。

フィードバックの際には、このIメッセージを使います。

「私には、あなたがとても生き生きしていて、楽しそうに見えます」

「がんばっているのが、私にはすごく伝わってきます」

コーチ自身の感じたことを、Iメッセージとしてフィードバックされると、クライアントも「そうか、やっぱり私は本当に今、好きなことをしているから楽しそうに見えるんだ

な」とか、「黙々と地道に努力してきたけど、コーチはちゃんと見ていてくれたんだ！」というふうに、自分が相手にどんなふうに見えているかということを改めて再認識することができます。

クライアントにとって耳が痛いことを指摘しなければならない場合も、事実と一緒にIメッセージをフィードバックすることで、相手に伝わりやすくなります。

たとえば――

「今、『でも』という言葉を5回使われましたね。私にはあなたがこの仕事に対して、まだ納得していないことがあるように感じます」

「えっ、『でも』って5回も言いました!?　やっぱり自分の心のどこかに、どうしても引っかかっているものがあるんだろうなあ……」

「今日はよくため息が出ますね。このプレゼンは簡単だから大丈夫と言われましたが、実際はかなりプレッシャーを感じているように私には見えます」

「そんなにため息をついていました？　自分で気付かないうちに案外プレッシャーに感じているのかもしれませんね」

こんなふうに、相手が気付いていないであろう事実を観察した通りに話し、それに対するコーチの感想をIメッセージとして伝えると、クライアント自身が自覚していなかった自分の深層心理にはっと気付くことがあります。

いずれにしてもIメッセージのフィードバックは、コーチとクライアントの信頼関係がベースになっています。

この方法は、家庭や友人関係などにも応用することができます。

たとえば、成績が落ちた子どもに対して母親が「こんなんじゃダメじゃないの！　もう部活なんてやめなさい！」と一方的に怒ってダメ出しをすると、子どもは反発心を感じて、やる気を失ってしまいます。

「あなたは○○だ」「あなたは○○しなさい」といった、「あなた」が主語になるメッセージを「YOUメッセージ」といいます。

YOUメッセージは一方的な決めつけや指示命令になりがちなので、言われた相手はどうしても反発心を感じてしまいます。

これを「私」が主語になるIメッセージに変換すると、こんな感じになります。

「最近、部活が忙しくて勉強をする時間がなかったでしょ。ちゃんと時間をつくって勉強すればきっと挽回できると私は思うの。期待しているね！」

このように、事実にプラスしてIメッセージを伝えるようにすれば、子どもも反発せず、自発的な改善が望めます。

❸ オウム返しのメリットとデメリット

「この仕事にはすごくやりがいを感じます」

「なるほど、やりがいを感じるんですね」

「ええ、やればやるほどいろいろ発見があっておもしろいんですよ」

「へえ、おもしろいんですね」

こんなふうに、相手の言葉をオウム返しに繰り返すことで、「ちゃんと自分の話を聞いて、受け止めてくれている」と、相手に安心感を与えることができます。コーチとクライアントの信頼関係を築くうえでも、安心感が不可欠です。

カウンセリングでもやはりオウム返しを使いますが、あまり頻繁にオウム返しを使用すると、「何でもかんでも繰り返せばいいと思っているんじゃないのか」と、マニュアル的な印象を与えて逆効果です。

コーチングでは相手の言葉を基本的に否定しないので、「おっしゃる通りですね」といった相づちを打つことも多いと思いますが、これもあまり多用すると、機械的で心ない印象を与えてしまいます。

オウム返しには、安心感を与えるだけでなく、気付きを与える使い方もあります。

「次回までにはこの課題を仕上げてこようと思います」

「思います?」

「あ、えっと、仕上げてきます」

「仕上げてくるんですね」

「はい、次回までに仕上げてきます」

人はあまり自信がないとき、「○○します」ときっちり断言せず、「○○しようと思います」と語尾をあいまいにする場合があります。

「がんばろうと思います」

「努力したいと思います」

「間に合わせたいと思います」

このように語尾をあいまいにすることで、万が一できなかったときのために、無意識に逃げ場をつくっておこうとするのです。

コーチはそうした相手のあいまいな言い方から意志の薄さを見抜き、「思います?」と、さりげなくオウム返しで問い直すことで、クライアントに気付かせます。

もしあなたの部下や生徒や子どもがそんなふうに答えたら、試しに「思います?」とオウム返しに言ってみてください。

「必ずやってきなさい!」と頭ごなしに命令されると、人は反発を覚えますが、オウム返しにされることで、相手が「がんばらなきゃ」「間に合わせなきゃ」と自ら奮起して自発的に行動できるようになります。

❹不安を煽らず、応援する

「その課題を次回までにできますか？」

人は、できるか否かをストレートに問われると、自分が疑われているような気持ちになり、「万が一できなかったらどうしよう」と不安を覚えます。

コーチングの際には、クライアントに対して「できますか？」という質問は相手の不安感を煽《あお》るので、基本的には使いません。

コーチングをする際の大前提として、コーチはクライアントの可能性を信じているので、行動を促すときには相手を応援する言葉をかけます。

「あなたならできますよ。応援しています！」

「期待しています！」

「ぜひ、やりましょう！」

このように、コーチングのリクエストとは、クライアントの背中を押し、目標に向かって邁進《まいしん》できるように励まし、勇気づけるものです。ただし、「期待しています」という言葉も、相手によってはプレッシャーに感じる場合もあるので、表現のしかたは相手に合わせます。

相手がちょっと躊躇《ちゅうちょ》しているようなら、強引に押さず、「何か気になることがある？」と尋ねて、心に引っかかっている原因を探します。

また、単に「やりましょう」というだけでなく、「なぜそれをやる必要があるのか」という意義もきちんと説明します。

コーチングを受ける際、男性はコーチにある程度強く言ってもらいたいという人が多い傾向がありますが、女性はコーチにあまりあれこれ強く言われることを好まず、温かく見守ってほしいと思っている人が多いようです。

クライアントの希望に合わせた形で、クライアントをうまくゴールに到達させるためには、クライアントがどんなタイプなのかを見極めておくことが大切です。

5 「4つのタイプ」に合わせたコミュニケーション

「すごいですね」

そう言われて、「そうか、私ってすごいんだな！」と自信をもつ人もいる一方、「私の何がどうすごいの？」と、突っ込んでくる人もいます。

「私はほめたつもりで言ったのに、ひねくれ者だな」

「あの人は大ざっぱで、信用できないな」

このように、ささいなことで、コミュニケーションがぎくしゃくしてしまう場合がありますが、どちらかが悪いわけではなく、互いの性質やコミュニケーションスタイルが異なるからです。


日本におけるコーチングの草分けである株式会社コーチ・エイによると、人はコミュニケーションスタイルによって、

①コントローラー
②プロモーター
③アナライザー
④サポーター

この４つに大きくタイプを分けることができるといいます（『図解 コーチング流 タイプ分けを知ってアプローチするとうまくいく』伊藤守監修・鈴木義之著、ディスカヴァー・

トゥエンティワン、２００６年)。

もちろん、人は千差万別で、ひとりの人間でもいろいろな面をもち合わせていますから、単純に４つにタイプを限定できるわけではありません。あなた自身もクライアントも、複数のタイプの特性を兼ね備えている場合が多いでしょう。

ただ、この４タイプの特性と、関わり方のポイントを知っていると、コーチングの際に有効なのはもちろん、日常の対人関係においても、コミュニケーションがスムーズになるので、参考にしてみるといいでしょう。

❻タイプ別の特徴と関わり方のポイント

■タイプ1　リーダーに多い「コントローラー」

・決断力や実行力があり、行動がスピーディでエネルギッシュ。
・経営者などリーダーに多く、支配的、威圧的な面もある。
・自分の意見はもっているけれど、人の話をあまり聞かない。
・人間関係よりも仕事を優先させる傾向があり、敵意があると思われる場合も。

▼関わり方のポイントと有効なほめ言葉
簡潔かつ単刀直入に話し、アドバイス的なことは言わない。

「さすが決断が早いですね」「見事な推進力ですね」

「その挑戦はあなたしかできません」「結果を出せるのはあなただけです」

「目標に向かって迷わず行動されていますね」

「大きな成果が目前に見えていますね」

■タイプ2　影響力のある「プロモーター」

・先見性があり、オリジナルのアイデアを重視する。
・楽しさ優先で、細部はあまり気にせず計画性が低い。
・自分の話はするけれど、興味がないこと以外はあまり話を聞かない。
・人に影響を与える力があるけれど、お調子者に思われる場合もある。

▼関わり方のポイントと有効なほめ言葉
質問によってアイデアを引き出すとやる気がアップ。アイデアがどんどん広がっていくので、テーマを絞ってあげる。

「ユニークですね〜」「アイデアマンですね〜」

「よくそんなことを思いつきますね！」

「最高ですね！」「ばっちりですね！」

「どんどんクリアしていますね！」「がんがん飛ばしてますね！」

■タイプ3　分析を重視する「アナライザー」

・データを集めて分析したり、計画を立てるのが得意。
・感情表現は苦手だが、人の話をじっくり聞き、観察力も高い。
・失敗を恐れる傾向があるため、慎重に行動する。
・粘り強くものごとを完遂させる反面、大きな変化や混乱に弱い。

▼関わり方のポイントと有効なほめ言葉

大きな変化を強いるとプレッシャーになるので、論理的にアプローチする。

「準備がパーフェクトでムダがないですね」「戦略の立て方が緻密ですね」

「全体の方向性を詳細に把握していますね」「プロセスを合理的に分析していますね」

「危機管理への対応も抜かりないですね」「ゴールまでの計画性が高いですね」

■タイプ4　人の援助が得意な「サポーター」

・温和で優しい性格で、人の気持ちに敏感。
・人をサポートすることを好み、仕事よりも人間関係を優先する。
・自分のことはあまり話さないけれど、人の話は誠実に聞く。
・決断力が弱く、チャレンジ精神が低い。

▼関わり方のポイントと有効なほめ言葉

自己表現が得意ではないタイプなので、相手の努力や気遣いを認めながら、相手の望みやリクエストを引き出すことが大切。

「あなたの気遣いに多くの人が癒やされています」
「コツコツがんばっていらっしゃる様子が伝わってきます」
「あなたに見守ってもらえると、みんな安心ですね」
「あなたがいるおかげで、とても助かっています」

第6章

コーチングは単なるスキルではない

1 人工知能がコーチになる日が来る？

「20年後、望むと望まざるとにかかわらず、人工知能の急激な進化によって、現在の仕事のほとんどは人工知能をもったロボットが代行することになるだろう。

そして、近い将来、10人中9人は今とは違う仕事をしているだろう」

これは、グーグル社の創業者ラリー・ペイジ氏の発言です。

コンピュータが人間と同じような、あるいはそれに勝る知能をもつ「人工知能＝ＡＩ（Artificial Intelligence）」というと、ひと昔前まではＳＦ映画やマンガの世界だけの絵空事でしたが、ＩＴ技術の進歩により、近年はそれが現実味を増しています。

オックスフォード大学のＡＩ研究者も、「人間が行っている仕事の約半分は、10～20年以内にコンピュータに奪われてなくなる」という大胆な予測をしています。

では、コーチはどうでしょうか？

コーチングも、10年後、20年後には人工知能が人間にとって代わって行うようになるのでしょうか？

——結論からいうと、私は「NO」だと思います。

なぜなら、コーチングとは、単なるスキルではないからです。

コーチングの基礎を学ぶには、約40～60時間の講義を受ける必要があります。

さらにステップを踏みながら100～150時間の講義によってコーチとしての知識を深め、技量を磨いていきます。

しかし、それだけでプロのコーチになれるわけではありません。

たとえば車の運転免許を取る際に、ペーパーテストをクリアしたからといって、いきなり車を自由に乗りこなせるようになるわけではありませんし、飛行機のコックピットのシミュレーションゲームが上手だからといって、その人をいきなり実際の旅客機のコックピットに座らせても、パイロットが務まるわけではないのと同じことです。

ましてコーチングの場合は、相手が機械ではなく人間です。多種多様な人間が、多種多様な生き方をしているわけです。

そんな複雑多様な人間のコーチングを、人工知能が行うのには限界があります。

「創造性を必要としない仕事は、すべてテクノロジーに代行される」

マイクロソフト創業者のビル・ゲイツ氏はそう語っています。

人工知能に小説を書かせたり、絵を描かせたりといった試みもすでに行われているようですが、人工知能がクリエイティブな仕事をある程度まではこなせたとしても、人間の創造性を凌駕《りょうが》することは不可能でしょう。

コーチングも同じです。コーチングとは、人の未来をつくり出す創造性に関わることですから、いくらコーチングのノウハウを人工知能にプログラミングして有能なＡＩコーチを量産しても、コーチングの効果を上げることはむずかしいでしょう。

クライアントにとって、コーチは自分の目標を達成するまで一緒に伴走してくれる心強い存在です。

ゴールに向かって孤独に黙々と努力し続けるには、とても強固な意志と粘り強さが必要ですが、クライアントはコーチが自分を応援しながら一緒に走ってくれていることを実感することで、挫折せずにゴールまでたどり着けるのです。

もし、ゴールに向かって必死に走るあなたに付いてくれたコーチが、汗の一滴も流さずに「目標地点まであと１カ月。今日はここまで走ります。がんばりましょう」とマニュアル通りにしゃべる人工知能や、カーナビのように「目的地は次の課題を3つ越えた先にあります」と機械的に言うようなコーチだったら、どうでしょう？

少なくとも、「コーチが私を見守ってくれているから、安心できる」「コーチも私を心から応援して一緒に走ってくれている。がんばろう」という気持ちにはなれないのではないでしょうか。

❷マニュアルで人の心は動かせない

「コーチングのセミナーで学んだことを部下に実践してみたけど、全然効果がない。コーチングって、本当はそれほど役立たないんじゃないの？」

こんな声をときどき耳にします。これは、コーチングを単なるスキルやテクニックと勘違いしている人にありがちなことです。

コーチングの体験セミナーを受けたり、本を読んで知識やスキルを覚えただけで、部下ににわかコーチングを試してみても、相手の心は動きません。

人工知能にコーチングはむずかしいといいましたが、コーチングは知識やスキルだけ覚えても、相手にするのは人間なのでマニュアル通りにはいかないのです。

これはカウンセリングについてもいえることです。マイナスの状態からゼロの状態に戻すカウンセリングも、ゼロの状態からプラスに引き上げるコーチングも、人間の心を動かすことなので、デジタル感覚でパチッと瞬時にゼロをプラスにスイッチすることはできないのです。


本書でも、コーチングの極意をダイジェスト的にご紹介していますが、これはあくまでもコーチングの入り口です。

コーチングそのものは決して難解ではなく、日常のコミュニケーションの延長にあるものなので、誰でも簡単に学べますし、誰にでも役に立ちます。

ただ、どんなに優秀な人であっても、コーチングの本を何冊か読んだり、コーチングの研修をちょっと受けただけでは、コーチは務まりません。

体のツボの場所を知っていれば、整体師になれるわけではないし、臓器の場所を知っていれば外科医が務まるわけではないのと同じことです。

知識やスキルの習得と実践は別ものなのです。コーチングの極意は基本的な要素だけでも多岐にわたるので、一過性の知識習得だけでは機能しないのです。

たとえばコーチのスキルの一端として、相手の呼吸のペースや話し方に合わせるのが基本ですが、相手によってそれぞれペースは異なりますし、同じ人でもそのときどきで変わってきます。こうした感覚は、数値で割り切れるものではないので、マニュアル化することができません。

また、言葉も人によってとらえ方が千差万別なので、マニュアル的な言葉の使い方をしていても、気付きは得られず、クライアントは下手な誘導尋問をされているような気持ちになるかもしれません。

コーチングを実践的に機能させるためには、正しいコーチングの考え方やスキルを学ぶと同時に、クライアントに対するコーチの真心ともいうべきマインドを身に付けることが大切です。

3 思春期の子どもたちにスクール・コーチを

コーチングはビジネスの世界を中心に広まっていますが、今後は学校にもコーチがいる

時代が来るのではないかと考えています。

実際、私の教えているコーチングスクールの受講生の中には、小学校教師をしている20代の女性もいます。

「子どもたちの教育にコーチングを取り入れられないだろうか」と考えたのが受講の動機のようですが、私は実に的を射た発想だと感心しました。

教育の現場にいる真摯な教師ほど、子どもたちに「勉強しなさい」「いじめはやめなさい」「先生の言うことを聞きなさい」などと頭ごなしに言っても、なかなか子どもたちに伝わらないことをよく知っているのでしょう。

コーチングは相手の無限の可能性を信じ、

信頼関係に基づいて対話し、相手のやる気や眠っている能力を引き出し、コーチの適切な後押しによって、よりスピーディに目標を達成する方法論なので、まさに学校教育の現場に最適だと思います。

現在、生徒の心の問題に向き合うスクール・カウンセラーがいる学校も増えているようですが、生徒の中には、マイナスの心をゼロに戻すための悩み相談もいいけれど、自分の目標に向かってどんどんプラス方向に自分を成長させたいという、コーチング向きの生徒も大勢いるはずです。

特に、自我が目覚め、子どもから大人へと心身が大きく変化する思春期は、大人に上から目線で指導されたり、頭ごなしに怒られて否定されることに対して反抗心が増すので、子どもたちの話をじっくり聞いて対話を重ねるコーチングのアプローチが有効になると思います。

学校の教師やスクール・カウンセラーがコーチの資格を取ったり、保護者がコーチングを学ぶことで、思春期のナーバスな子どもたちに対する向き合い方が変わるはずです。

子どもたちの心に寄り添い、温かく見守ってあげることで、反抗的だった子どもたちも心を開くようになり、より伸びやかに成長できるのではないでしょうか。

また、コーチングを心得た先生と対話することで、子どもたち自身がコーチングの有益なコミュニケーションを自然と身に付けることができます。

さらに、コーチング的な関わり方ができる先生がいることで、根深い学校のいじめ問題の改善にも役立つかもしれません。

❹ 社会に出る前にコーチングを身に付けると生きやすくなる

コーチングは、ビジネスパーソンはもちろん、子どもから大人まですべての人に役立つコミュニケーションの方法論です。

大学生や専門学校生もコーチングを学んでおくと、就活はもちろん社会に出てからも有利だと思いますし、学生時代にコーチングを受けると自分の進路を見定めた有意義な学生生活を送れるのではないでしょうか。

経団連の調査では、企業が就活生に求める能力のトップは、「コミュニケーション能力」

です。

最近は、コミュニケーションの達人のことを「コミュ達」、コミュニケーションが苦手な人のことを「コミュ障」といったりするようですが、コミュニケーションが上手か否かが重視されている証しといえるでしょう。

ビジネスの基本はコミュニケーションですから、どんなに学歴が高くても、コミュニケーション能力がないと、企業では活躍できません。

社内でも社外でも、コミュニケーションがうまくいかなければ、仕事の流れも滞りますし、さまざまなトラブルの原因にもなります。

就活で苦労してせっかく就職しても、対人コミュニケーションがうまくいかないことを理由に退職してしまう人も多いようです。

コミュニケーションに長けていると、人として信頼されやすくなるので人的なネットワークも築きやすくなります。

また、キャリアアップや独立、起業する際にも有利です。

コーチングはいくつになっても役立ちますが、若いうちから学んでおくことで、社会生活を営むうえで、人間関係の風通しがよくなって生きやすくなります。

私の理想は、すべての人にコーチングを身に付けていただくことです。

そうすれば、互いの信頼関係が増し、互いの対話も増え、互いの理解が深まり、世の中の人と人とのコミュニケーションがもっと円滑になり、世界は今よりもずっと平和になると思うのです。

おわりに

私の行動の原点は、恩返しです。

私は雪深い新潟県の小千谷で育ちました。冬になると積雪で交通機関がストップしてしまうので、高校まで往復16キロの道を毎日徒歩で通っていました。

重い雪雲に覆われた故郷の冬空を仰ぎ見ながら、東京の青空に憧れていました。

大学進学と同時に上京しましたが、経済的な事情から自力で学校へ行くことが条件でしたので、学費や生活費をすべて自分で賄わなければならず、大学生活4年間を新聞育英奨学生として過ごしました。

このときの経験が、後の私の人生に大きな影響を与えることになりました。「中小企業のみなさんのお役に立てる仕事がしたい」と思ったのも、この経験があったからです。

新聞奨学生だった当時、私は毎日早朝3時過ぎから起きて配達準備をして、約300軒に新聞を配達して回り、大学の授業から帰ってきたら今度は夕刊を配るという生活を、雨の日も風の日も、ほぼ毎日続けてきました。

新聞配達だけでなく、集金や新聞勧誘のノルマもこなさなければならず、人見知りな私には特に新聞勧誘が辛くて仕方がありませんでした。

そんな中でも、心にぽっと火が灯るようなことが幾度もありました。当時、私が配達を担当していた東京・文京区の小石川界隈には、印刷製本関連の中小企業がたくさんあり、そこの社長さんたちがよく温かい声をかけてくれたのです。集金に行くと、「お疲れさん。ちょっと上がっていきなよ」と美味しいお茶を出してくださったり、「卒業したら、うちで働きなよ」と言ってくださったり、そんな何気ない優しさが心に深く沁みました。

長く新聞をとってくださっているお客様に、洗剤など気持ちばかりのお礼の品をもっていくと、新規購読者を紹介してくださることもあり、本当に助かりました。

また、元日の朝にいつもの3倍ほど重い朝刊を抱えて配達に行くと、寒いのに入り口で白い息を吐きながら私を待ってくれていたある社長さんが、「明けましておめでとう。いつも配達ありがとう。今年もよろしくね」と、にっこり笑ってお年玉を手渡してくれたこともありました。

そんな温かい言葉をかけていただき、支えてくれたみなさんに「恩返しをしたい」――そんな思いから、中小企業支援の仕事に携わるようになりました。この思いは、今も変わることがありません。迷ったり悩んだりして苦しいときでも、あの頃のことを思い出すと初心に立ち戻れる気がします。

コーチとして自分の軸をぶらさずに保つことができるのも、「恩返しをしたい」という思いがあるからです。

30歳のときに猛勉強して、中小企業診断士の資格を取りましたが、そのときの恩師にこう言われました。

「資格を取っただけでは何にもならないよ」

師が私に伝えたかったのは、せっかく資格を取ったなら、それだけで自己満足していても意味はなく、その資格を世の中に役立てなさいというメッセージでした。

まったくその通りだと思います。コーチングは、ビジネスだけでなく、あらゆるシーンで役立つので、これからの時代に最有力な資格であることは間違いありません。

私はプロ・コーチになって約10年の間に累計８００人のコーチングをしてきましたが、その関わりの一つひとつが自分の成長に大きく役立ってきました。

これからも、コーチングを通して、ひとりでも多くの方が自己実現を果たし、クライアントも私自身も豊かな社会を創造する一員として成長していければと願ってやみません。

本書の出版にあたりご指導をいただきました、株式会社天才工場代表取締役の吉田浩様、塩尻朋子様、轡田早月様、合同フォレスト株式会社編集部の皆様に心から御礼申し上げます。

また、大変お忙しい中、取材にご協力いただいた阿部寛子様、稲川朋子様、H・S様、小賦和美様、河西香菜子様、國井あや子様、高坂福美様、たなかけいこ様、手塚令子様、長谷部みゆき様、春名美希様、山田まゆみ様をはじめ関係者の皆様、本当にありがとうございました。そして、これまで温かく見守ってくれた家族に感謝しています。

2016年5月28日、一般社団法人東京コーチング協会の主催で、初の「日韓コーチングシンポジウム」を開催しました。今後のコーチングの広がりと可能性を感じさせるシンポジウムとなりました。

本書を手に取っていただいた方がコーチングに興味をもち、自分らしい人生を送るひとつのきっかけになっていただければ幸いです。

2016年8月

五十嵐 久

【著者プロフィール】

五十嵐　久（いがらし・ひさし）

株式会社コーチビジネス研究所代表取締役／淑徳大学「プロコーチ入門講座」講師／一般社団法人東京コーチング協会理事／中小企業診断士／ GCS・JMCA 認定プロコーチ／産業カウンセラー／キャリアコンサルタント

新潟県小千谷市生まれ。経済的な事情から大学生活 4 年間を新聞育英奨学生として過ごす。このときのさまざまな経験がその後の人生を決めることとなり、卒業後は公的な中小企業支援機関に勤務。中小企業診断士として 1 万社以上の資金調達支援、起業支援、再生支援、経営相談業務等に携わる。

多くの経営者との出会いの中で人材育成の重要性を感じ、1992 年人材育成コンサルタント・アカデミー、産業カウンセラー協会等で人材育成手法やカウンセリングを学ぶ。その後 2005 年から多くの機関でコーチングを学びコーチとして活動を開始。2015 年 9 月には、コーチングの普及と発展を目指して、有志と一般社団法人東京コーチング協会を設立し共同代表に就任。

現在は、プロ・コーチ、中小企業診断士として活動する傍ら、企業・団体の研修、淑徳大学、コーチ養成機関等でコーチングを教えている。コーチング、コンサルティング、カウンセリングのそれぞれのスキルとノウハウを有し、あらゆる課題を包み込む安心感と懐の深さに定評がある。

主な執筆
『スモールビジネスハンドブック』（ビーケイシー）、「“ 社長の想い ” を軸にするパートナー型コンサルティング」『企業診断』（同友館）、「ビジネスコーチングを活用した経営者との渉外話法」『バンクビジネス』（近代セールス社）等多数。

企画協力　株式会社天才工場　吉田　浩
編集協力　塩尻　朋子
イラスト　Shima.
組　版　　松本　威
装　幀　　株式会社クリエイティブ・コンセプト

女性に最適！ ゼロから始める夢資格
コーチング・ビジネスのすすめ

2016年9月25日　第1刷発行
著　者　　五十嵐　久
発行者　　山中　洋二
発行所　　合同フォレスト株式会社
郵便番号　101-0051
東京都千代田区神田神保町1-44
電話　03（3291）5200／FAX　03（3294）3509
振替　00180-9-65422
URL　http://www.godo-shuppan.co.jp/forest
発売元　　合同出版株式会社
郵便番号　101-0051
東京都千代田区神田神保町1-44
電話　03（3294）3506／FAX　03（3294）3509
印刷・製本　新灯印刷株式会社
■刊行図書リストを無料進呈いたします。
■落丁・乱丁の際はお取り換えいたします。

ISBN 978-4-7726-6074-7　NDC336　188×130